中公新書 2653

鈴木由美著

中先代の乱

北条時行、鎌倉幕府再興の夢

中央公論新社刊

まえがき

「中先代《なかせんだい》の乱」という反乱の名前は知っている方も多いだろう。高校の日本史教科書にも載っている（『詳説日本史　改訂版』〔山川出版社、二〇二一年〕など）。だが、たとえば「中先代」の意味がわかる人となると、どれほどいるのだろうか。

中先代の乱とは、鎌倉幕府の滅亡から二年後の建武《けんむ》二年（一三三五）に、最後の得宗《とくそう》（鎌倉幕府の執権《しっけん》〔将軍の後見役。幕府の行財政を司る政所《まんどころ》・軍事を司る侍所《さむらいどころ》の長官である両別当《べっとう》を兼ねる役職〕を代々務めた北条《ほうじょう》氏の家督）北条高時《たかとき》の遺児時行《ときゆき》（なお、時行は「ときつら」と読んだ可能性もある。鈴木由美　二〇一六・二〇一八b）が、鎌倉幕府を滅ぼした後醍醐《ごだいご》天皇の建武政権に対し幕府再興をはかって起こした反乱である。

そして「中先代」とは、北条氏を「先代」、足利《あしかが》氏を「当御代《とうみだい》」（「当代」に「御」の敬称がついたものであろう）と呼び、その中間にあたる時行を「中先代」と称したと考えられる（鈴木由美　二〇一四）。

諏訪《すわ》大社《たいしゃ》の神官の一族・諏訪氏に擁され信濃《しなの》で挙兵した時行は、後醍醐天皇の皇子成良《なりよし》親王と足利直義《ただよし》（のちに室町幕府初代将軍となる足利尊氏《たかうじ》の弟。開創期室町幕府の執政者）が守る鎌倉に攻め込み、占領した。京にいた尊氏は、直義を救援するために後醍醐天皇の制止を振り切って鎌倉へ向かい、時行方は二十日間ほどで鎌倉を追い出された。

時行らを破った後、後醍醐天皇の帰京命令を無視して鎌倉に居座った尊氏は、建武政権に敵対する。尊氏の建武政権からの離反がきっかけとなって、室町幕府の成立、二人の天皇が並び立つ南北朝時代へとつながってゆく。

中先代の乱の意義については、次のような評価がある。

「この中先代の乱と呼ばれる事件は、尊氏を鎌倉に引き寄せる契機となったこと、つまり関東で高まっていた武家政権樹立の気運を踏まえて、武家政権の成立を決定的にしたこと、たとえていえば「ダルマに目を入れる」結果を招いたこと、そこに大きな意義があった」（森茂暁《しげあき》 二〇一七、一〇七頁）

確かに、室町幕府成立と南北朝時代がはじまるきっかけとなったのが、結果的に中先代の乱の一番大きな歴史的意義となった。しかし、それだけではないだろう。乱が起きた背景、その推移なども検討が尽くされているとはいえない。そこに迫るのが本書の目的である。

そもそも、時行の出身である北条氏とは、どのような一族なのだろうか。北条氏は、鎌倉幕府を開いた源頼朝《みなもとのよりとも》の妻北条政子《まさこ》を出した。政子の父時政《ときまさ》以降、鎌倉幕府で執権・連署《れんしょ》（副執権）などの要職を務め、権力を握った一族である。その北条氏の家督が得宗であり、本家（嫡流・正統《しょうとう》）を得宗家といった。得宗は、時行の父高時までで八世代九人を数えた。

鎌倉幕府は、清和源氏の一族新田義貞《にったよしさだ》が挙兵し、鎌倉に攻め込んだことにより滅ぼされた。北条一族の討死の様子や、高時や重臣たちの東勝寺《とうしょうじ》での切腹など、軍記物語『太平記《たいへいき》』が描く滅亡の場面は凄惨である。しかし、鎌倉幕府とともに北条氏が滅び去ってしまったわけではない。

たとえば、足利尊氏の妻で、室町幕府二代将軍足利義詮《よしあきら》の母となった、鎌倉幕府第十六代執権赤橋《あかはし》（北条）守時《もりとき》の妹の登子《とうし》や、建武政権期も活動を続けていた園城寺《おんじょうじ》の僧の弁基《べんき》（北条一族の名越《なごえ》氏の名越宗基《むねもと》の子）や、東寺三長者で鎌倉幕府滅亡後に禅門に入ったとされる名越秀時の子の禅秀《ぜんしゅう》（平 二〇〇〇）など、生き残った者ももちろんいる。そして、北条一族の中には、鎌倉幕府滅亡を生き延び、建武政権や室町幕府と戦い続けた者たちもいた。

正慶《しょうきょう》二年（元弘《げんこう》三、一三三三）五月の鎌倉幕府滅亡直後から、北条氏とその家臣・家臣の一族（以下、「北条与党」とする）が、建武政権に対して各地で反乱を起こしている。幕府滅

東洲斎写楽「三代目市川高麗蔵の廻国の修行者西方の弥陀次郎実は相模次郎時行」（ベルギー王立美術歴史博物館蔵）

亡後から建武二年（一三三五）十一月の足利尊氏の建武政権離反にいたる二年半ほどの間を数えても、中先代の乱を含めた北条与党の反乱は十件以上起きている。また北条氏が加担する合戦は、中先代の乱のように大規模になる傾向があった。

戦いは一人でできるものではない。たとえば中先代の乱の時、時行自身は十歳以下の少年であった。そんな彼を支持する勢力があったからこそ挙兵できたのである。北条与党を支持した人々にも、命懸けで挙兵にいたる理由があったはずだ。

そして時行や他の北条一族の多くは、中先代の乱後に南朝に帰順して、室町幕府と戦い続けた。時行にいたっては、鎌倉幕府滅亡から約十九年後の正平《しょうへい》七年（文和《ぶんな》元、一三五二）まで戦っているのが確認できる。自らの一族の仇であるはずの後醍醐天皇らの南朝に属してまで、彼らが足利氏と戦い続けた理由は何だったのだろうか。

本書は、タイトルの通り中先代の乱をテーマにしているが、乱自体は短期間で終わっている。ただ、中先代の乱や北条与党の反乱を検討するために、その前段階として鎌倉幕府や北条氏への理解も必要であり、また乱後の北条与党や北条時行の動向も記している。乱の前後も扱うことで、トータルな把握をめざしたい。

本書の構成は、まず序章で鎌倉幕府開創から北条氏が幕府内の権力を握る過程の概略を、第1章で鎌倉時代中期からの朝廷の状況と幕府の滅亡までを述べる。

第2章は、後醍醐天皇の建武政権と、そのころ各地で起こった反乱について述べる。建武政権に対して反乱を起こしたのは北条与党のみではないが、本章では特に北条与党が起こした反乱を取り上げ検討した。そして北条与党の反乱の中でも「この城は大変な強敵であり、京都中の心配はただ一つ、この城の事しかありません」（〔建武二年〕正月八日付日静《にちじょう》書状、上総《かずさ》藻原寺《そうげんじ》所蔵金綱集《こんこうしゅう》第六巻裏書《うらがき》）とまで言われた、紀伊《きい》飯盛山《いいもりやま》（和歌山県紀の川市）の顕宝《けんぽう》の反乱を紹介した。

第3章と第4章では、西園寺公宗《さいおんじきんむね》の陰謀事件、そして時行の挙兵によって起こる中先代の乱について述べる。時行方の支持勢力や、時行方と尊氏方の戦闘の様子を検討する。さらに

「中先代」という言葉の意味も考察したい。

第5章では、中先代の乱の半年後に起こった北条与党による鎌倉攻め、延元元年（建武三）三月の「鎌倉合戦」を検討する。残された史料から、ほとんど知られていない合戦の様相を復元する。

第6章では、南朝に味方することになった北条氏や時行の動向を追い、時行の三回目の鎌倉入りやその最期について述べる。

終章では、総括として、中先代の乱の意義を示したい。

それでは、北条時行が生涯をかけて取り戻したかった場所、鎌倉から話をはじめよう。

目次

凡例

本書で使用した主な史料について説明する。

一．『太平記』は十四世紀後半ごろに成立した軍記物語で、鎌倉時代末期の後醍醐天皇の時代から室町幕府三代将軍足利義満の補佐として細川頼之《よりゆき》が執事《しつじ》に就任するまでを描いたものである。軍記物語であるため、軍勢数の誇張など、史実とは信じがたい話もある。『太平記』のみを重視しないよう、『太平記』の記述が他の史料で確認が取れるものは併記した。『太平記』のみにしか記述がない場合は、その旨を記し、可能な場合は整合性を検討するなどの形をとっている。

また『太平記』は多くの人々に受容され、内容の異なる数多くの写本が生まれた。写本は大きく分けて甲類・乙類・丙類・丁類の四系統に区分されている。本書で『太平記』とのみあるときは、四種類の中でも作られた当時の形態を保っているとされる甲類の古態本の中から、岩波文庫から刊行され入手しやすい西源院《せいげんいん》本を用いている。西源院本以外の諸本を使うときは、「天正本『太平記』」などと記した。

二．『梅松論《ばいしょうろん》』は正平十三年（延文三、一三五八）以降の成立と推定され、作者は室町幕府の関係者で少弐《しょうに》氏に親近感を抱く者と考えられている（小川　一九六九）。『梅松論』の古写本には、京大本・寛正本・天理本がある。本書で『梅松論』とのみあるときは、京大本を用いた。京大本以外の諸本を使用したときは「流布本『梅松論』」などと記した。

三．本書で使用した史料の書誌データは、巻末の「主要参考文献」内に「史料」としてまとめて記した。

四．古文書は、文書名と文書群名を記した。

五．史料の引用は、原則現代語訳のみとしたが、原文を引用した場合は、カタカナをひらがなに、漢文を読み下し文にするなど表記を読みやすいように改め、句読点を適宜加えた。

六．参考にした著書・論文は、本文中に「秋山　二〇一三」のように著者の姓（同姓がいるときには姓名を表記した）と発表年を記した。詳しい書誌データは巻末の「主要参考文献」の「研究書など」に記し、敬称は略している。なお、本書執筆にあたっては、多くの先行研究を参考にした。本文中に示せなかった参考文献も、「主要参考文献」のリストに記載している。

七．年号は、南北朝並立後は北条時行が南朝方に属していることから、「正平八年（文和二、一三五三）」のように、南朝の年号を先に記した。ただし、史料に記載されている年号はこの限りではない。また、改元のあった年は、原則として新年号を用いることとした。

八．系図は、婚姻関係を二重線で表した。また、順番は必ずしも兄弟順ではない。

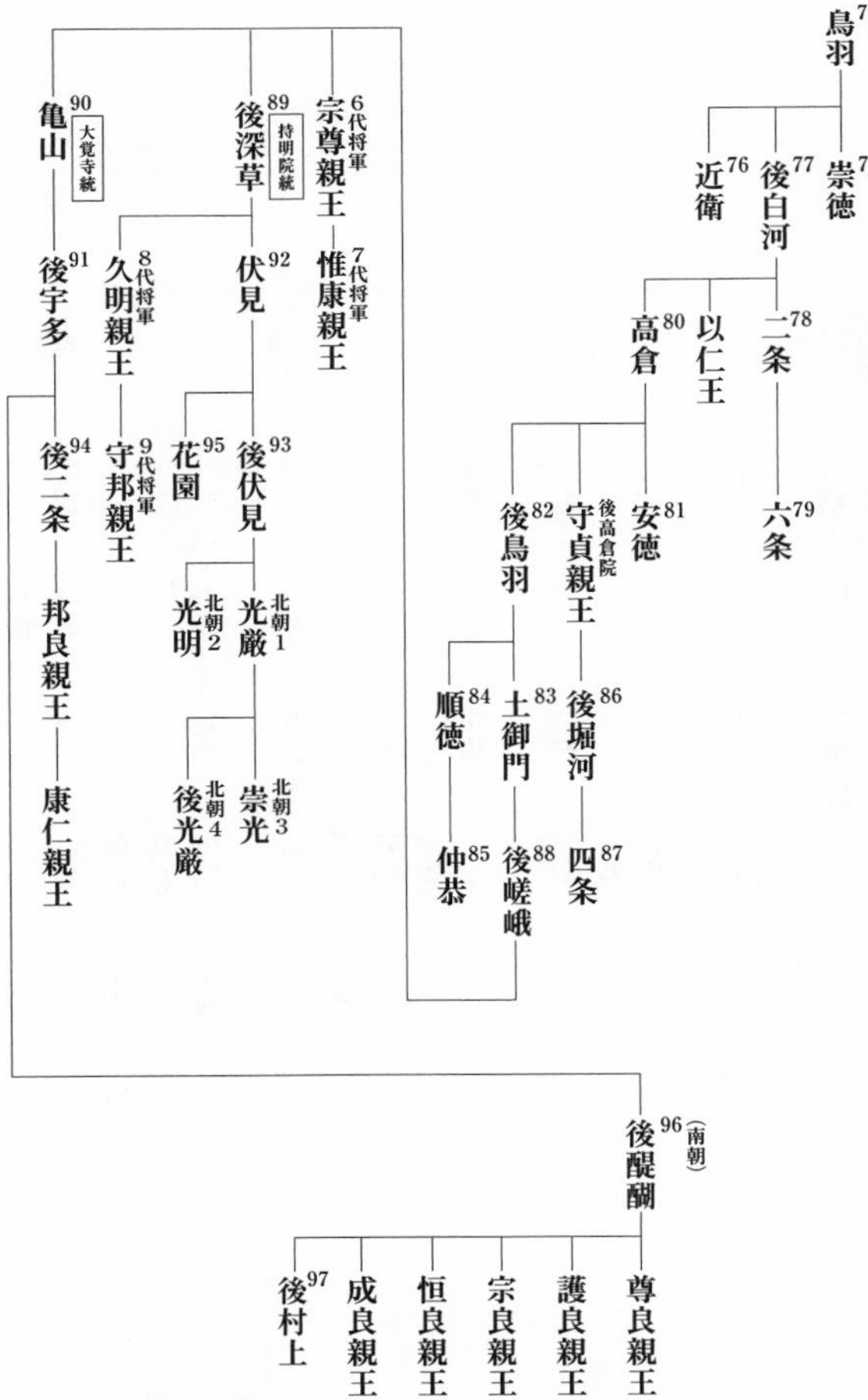

天皇家・親王将軍略系図
数字は天皇の代数

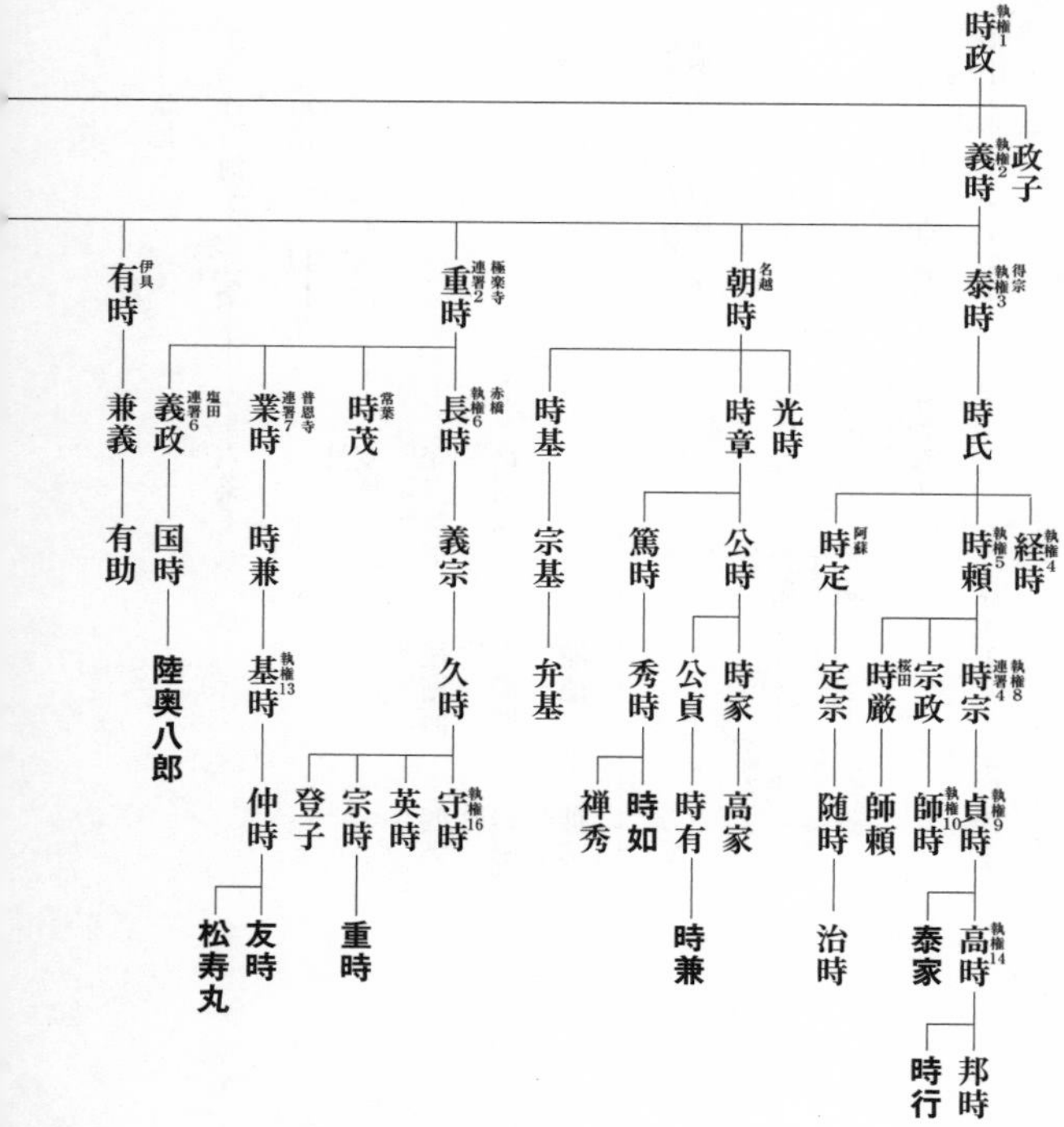

執権1 時政
政子
執権2 義時
得宗 執権3 泰時
名越 朝時
極楽寺 連署2 重時
伊具 有時
時氏
光時
時章
時基
赤橋 執権6 長時
常葉 時茂
普恩寺 連署7 業時
塩田 連署6 義政
兼義
執権4 経時
執権5 時頼
阿蘇 時定
公時
篤時
宗基
義宗
時兼
国時
有助
執権8 連署4 時宗
宗政
桜田 時厳
定宗
時家
公貞
秀時
弁基
久時
執権13 基時
陸奥八郎
執権9 貞時
執権10 師時
師頼
随時
高家
時有
時如
禅秀
執権16 守時
英時
宗時
登子
仲時
執権14 高時
泰家
治時
時兼
重時
友時
松寿丸
邦時
時行

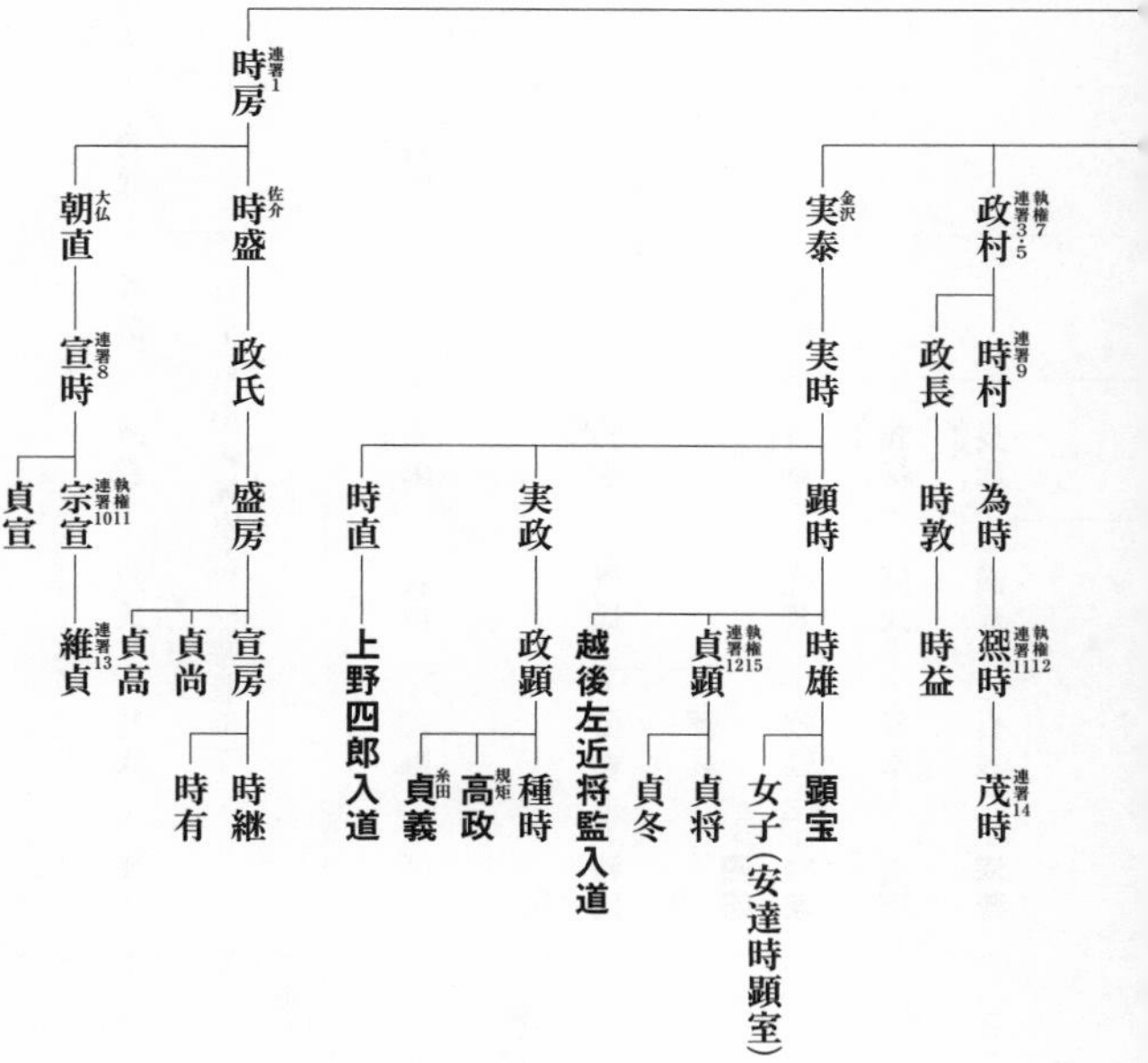

北条氏略系図
太字は、鎌倉幕府滅亡後、北条与党の反乱や南朝方での活動が確認できる者

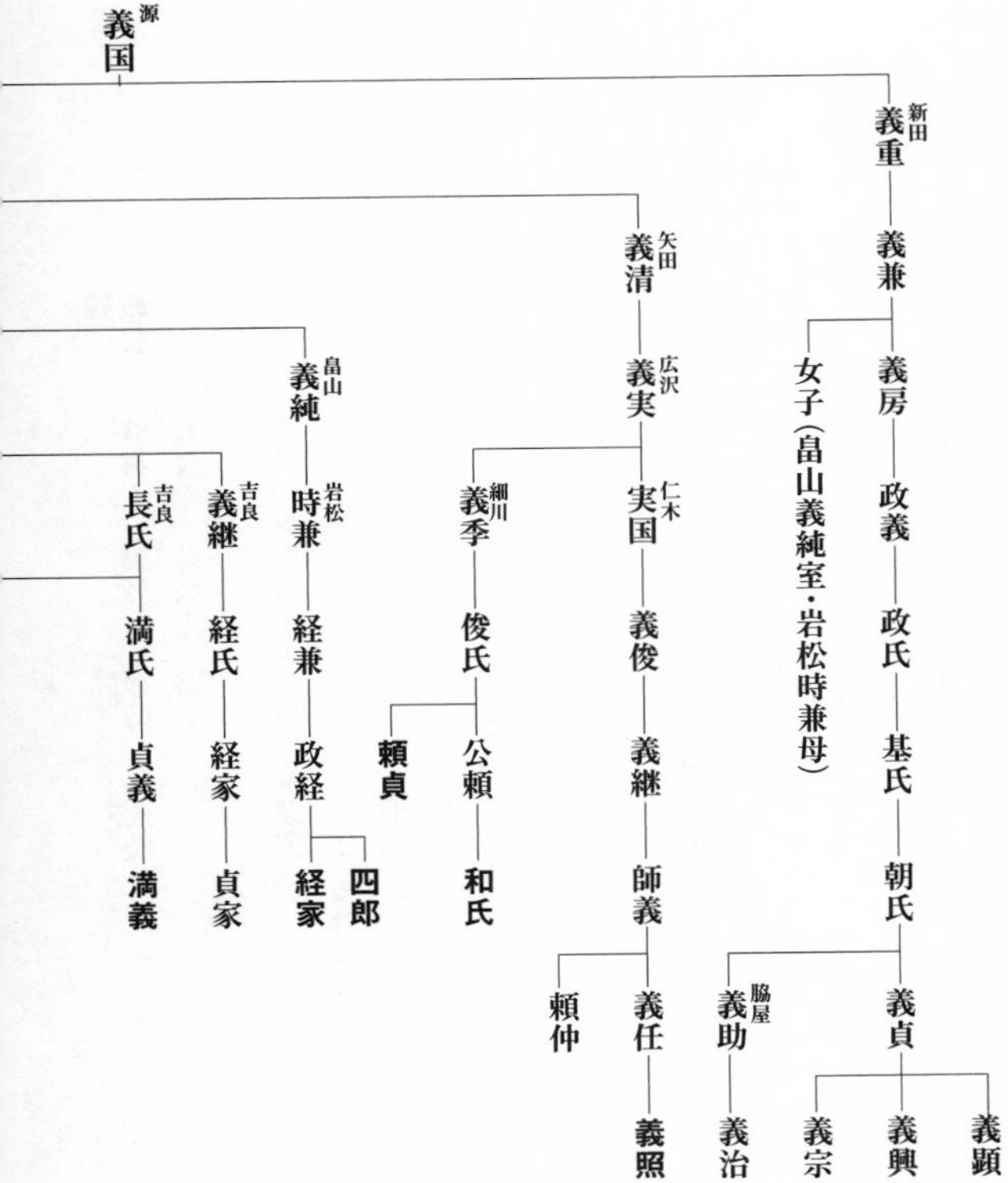
義国（源）
義重（新田）
義兼
義房
政義
政氏
基氏
朝氏
義貞
義顕
義興
義宗
義助（脇屋）
義治
女子（畠山義純室・岩松時兼母）
義清（矢田）
義実（広沢）
実国（仁木）
義俊
義継
師義
義任
義照
頼仲
義季（細川）
俊氏
公頼
和氏
頼貞
義純（畠山）
時兼（岩松）
経兼
政経
経家
四郎
義継（吉良）
経氏
経家
貞家
長氏（吉良）
満氏
貞義
満義

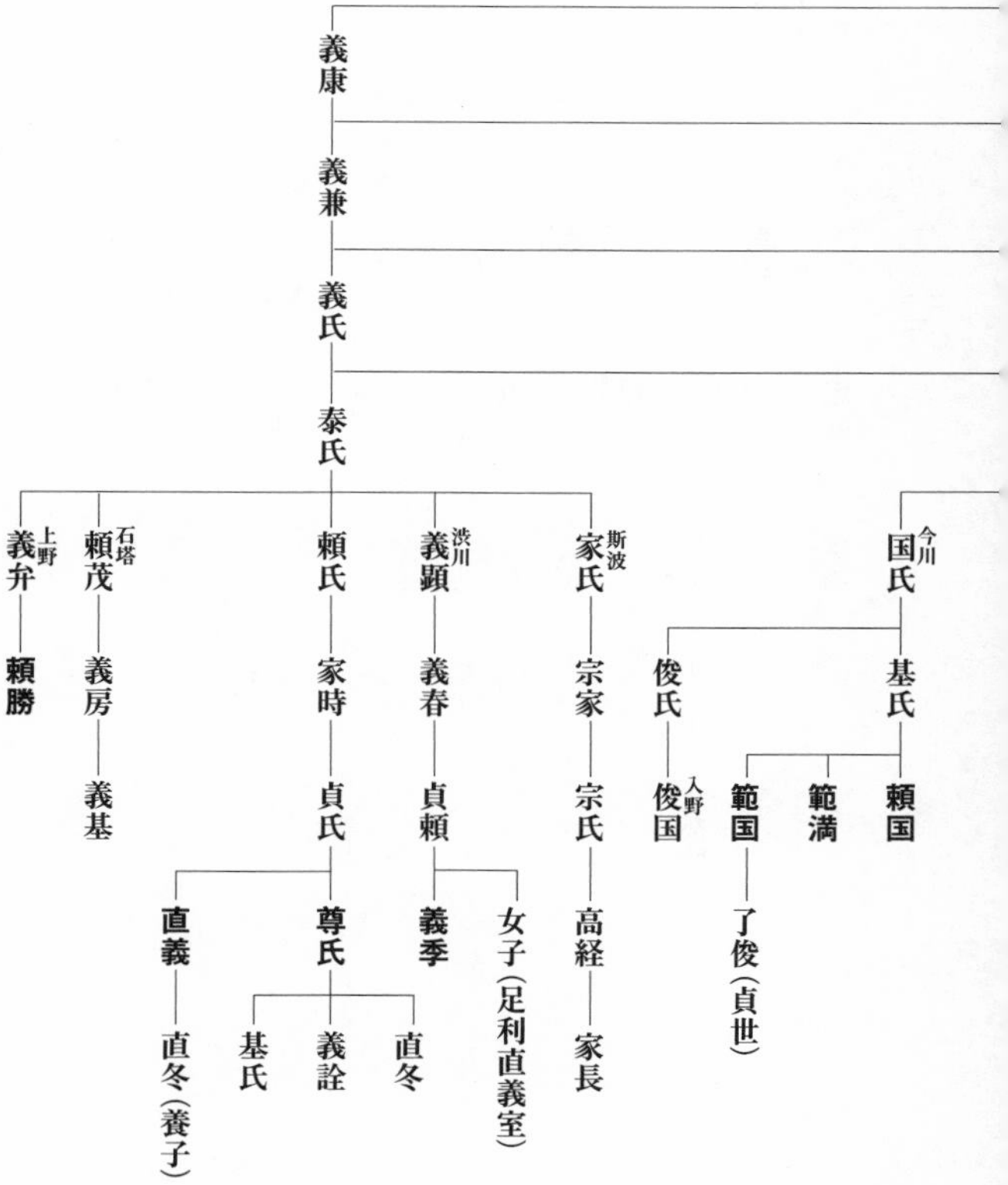

足利氏・新田氏略系図

太字は中先代の乱に参加した者。岩松氏は父方が足利氏であるが、新田氏の一族とされた（母方の新田氏で育ったため）

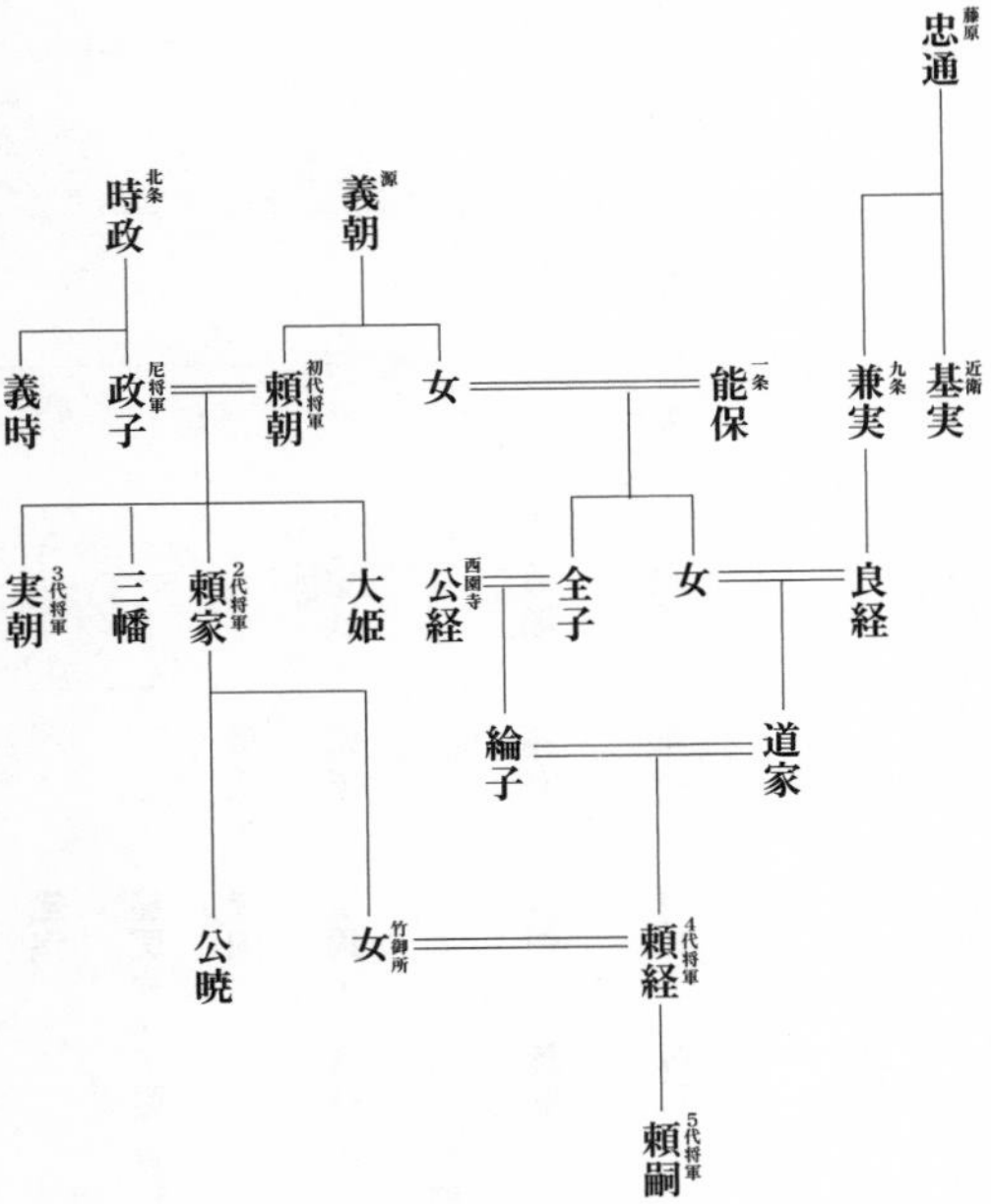
藤原 忠通
北条 時政
源 義朝
義時
尼将軍 政子
初代将軍 頼朝
女
一条 能保
九条 兼実
近衛 基実
3代将軍 実朝
三幡
2代将軍 頼家
大姫
西園寺 公経
全子
女
良経
綸子
道家
公暁
竹御所 女
4代将軍 頼経
5代将軍 頼嗣

源氏将軍・摂家将軍系図

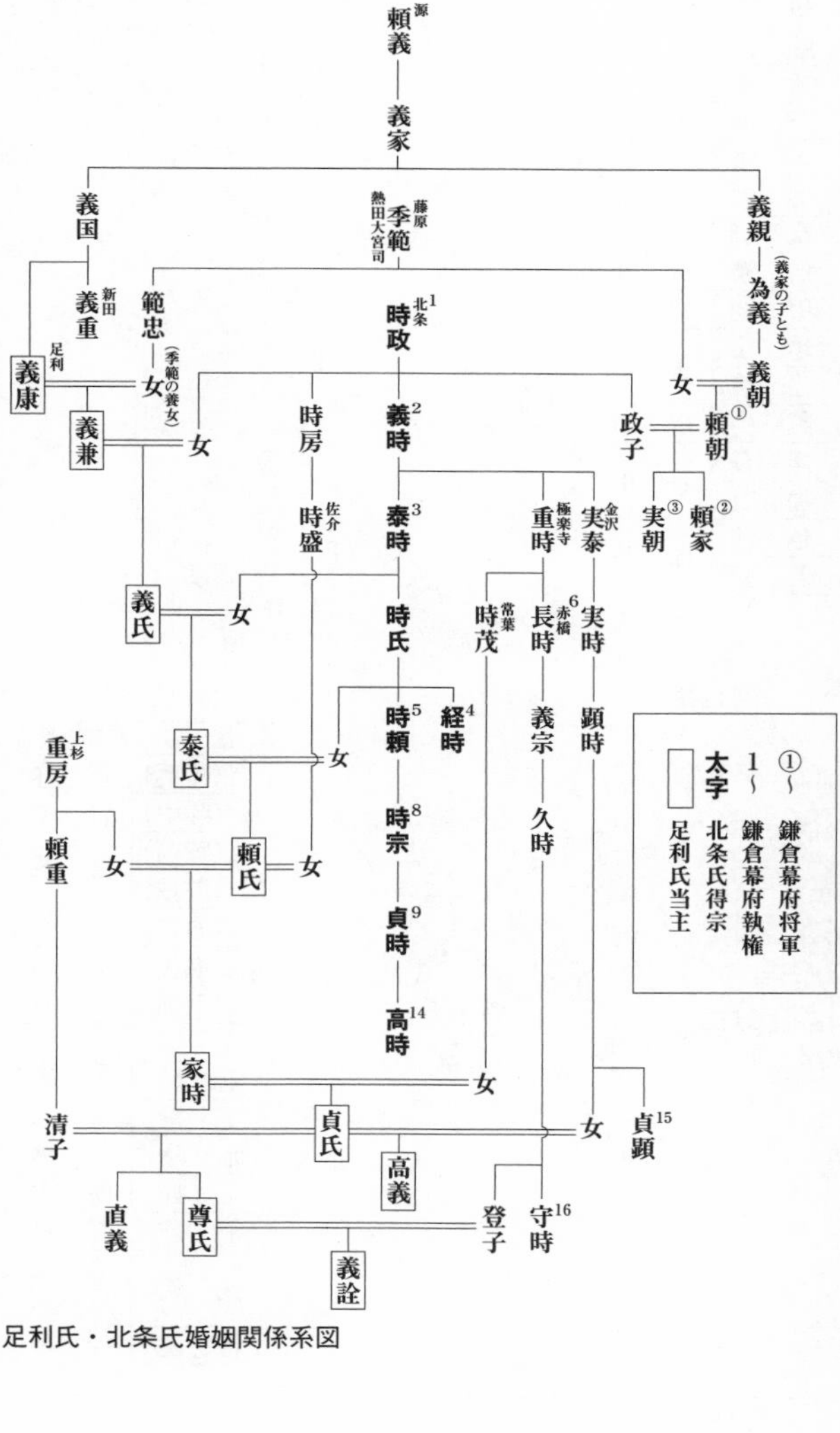

足利氏・北条氏婚姻関係系図

国名	現県名
伊豆	静岡
駿河	
遠江	
三河	愛知
尾張	
美濃	岐阜
飛驒	
信濃	長野
甲斐	山梨
越後	新潟
佐渡	
越中	富山
能登	石川
加賀	
越前	福井
若狭	

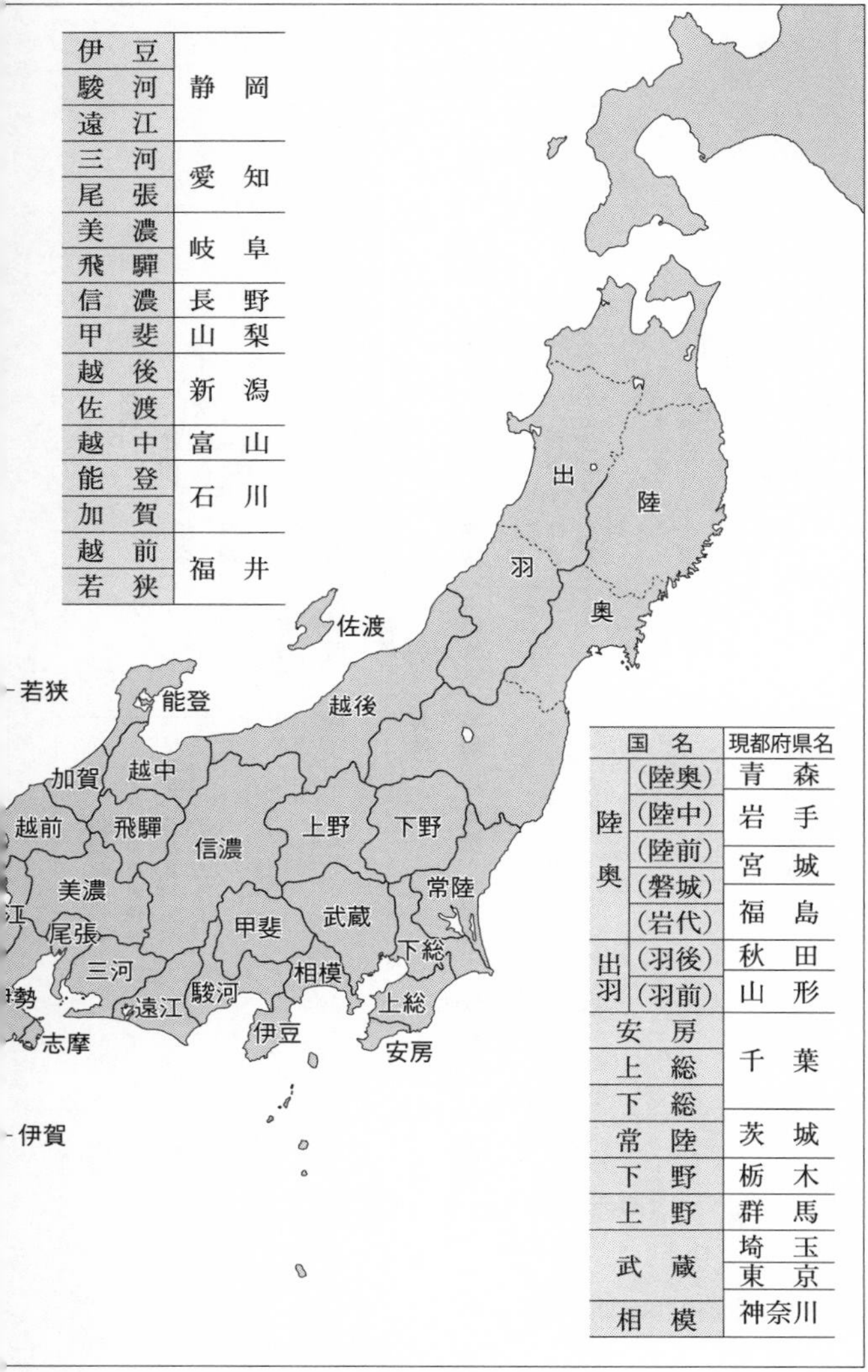

国名		現都府県名
陸奥	（陸奥）	青森
	（陸中）	岩手
	（陸前）	宮城
	（磐城）	福島
	（岩代）	
出羽	（羽後）	秋田
	（羽前）	山形
安房		千葉
上総		
下総		
常陸		茨城
下野		栃木
上野		群馬
武蔵		埼玉
		東京
相模		神奈川

筑　前	福　岡
筑　後	
豊　前	大　分
豊　後	
日　向	宮　崎
大　隅	鹿児島
薩　摩	
肥　後	熊　本
肥　前	佐　賀
壱　岐	長　崎
対　馬	

阿　波	徳　島
土　佐	高　知
伊　予	愛　媛
讃　岐	香　川
備　前	岡　山
美　作	
備　中	
備　後	広　島
安　芸	
周　防	山　口
長　門	
石　見	島　根
出　雲	
隠　岐	
伯　耆	鳥　取
因　幡	

近　江	滋　賀
山　城	京　都
丹　後	
丹　波	兵　庫
但　馬	
播　磨	
淡　路	
摂　津	大　阪
和　泉	
河　内	
大　和	奈　良
伊　賀	三　重
伊　勢	
志　摩	
紀　伊	和歌山

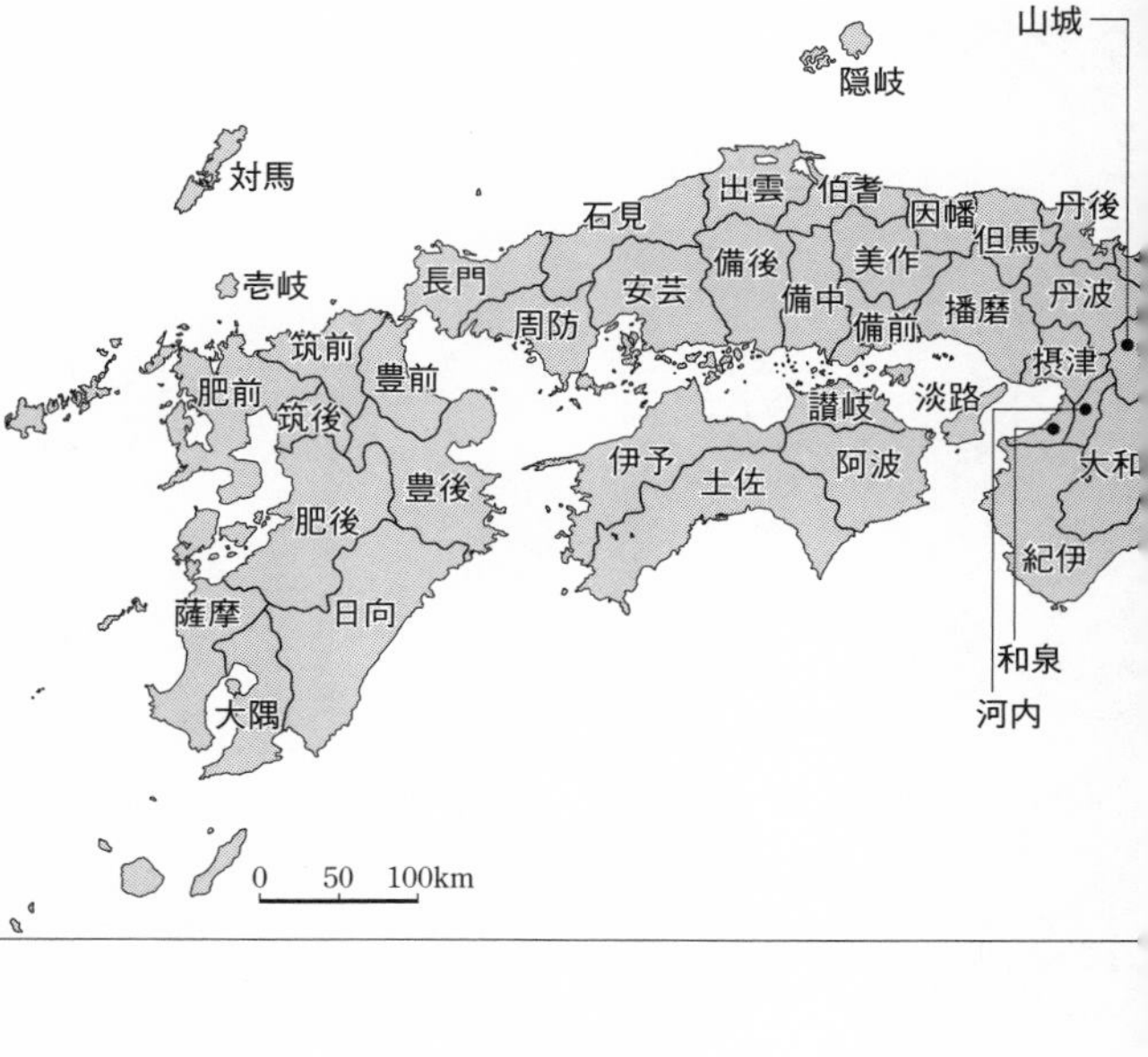

序章 鎌倉幕府と北条氏

1 最初の武家政権

中先代の乱の前段階として

本章では、中先代の乱の前段階として鎌倉幕府の歴史を概観し、中先代の乱の首謀者である北条時行の一族北条氏が鎌倉幕府で権力を握った経緯を述べる。

中先代の乱には直接関係のない話が続くが、これから述べることが中先代の乱の前史であり背景ともなるため、確認しておきたい。

鎌倉幕府の開創

今から八百四十年近く昔、源頼朝は鎌倉に幕府を開いた。

彼の父義朝《よしとも》は、当時政権を掌握していた平清盛《たいらのきよもり》と敵対し、平治《へいじ》の乱（平治元年〔一一五九〕）で敗れて討たれた。頼朝はこの時が初陣《ういじん》（初めて戦いに参加すること）だったが、父義朝が敗れたため、捕らえられて伊豆田方郡蛭ヶ小島《いずたがたぐんひるがこじま》（静岡県伊豆の国市）に流罪となった。以来、頼朝は治承《じしょう》四年（一一八〇）までの二十年間、配流の地である伊豆で暮らした。

治承四年四月、頼朝の元に清盛ら平氏の専横を憎み挙兵した以仁王《もちひとおう》（当時の治天《ちてん》の君《きみ》〔政務を執る上皇または天皇〕後白河法皇《ごしらかわほうおう》の皇子）の令旨《りょうじ》（皇族の命令書）が届く（『吾妻鏡《あずまかがみ》』同月二十七日条。以下、本章で典拠を挙げていない場合は『吾妻鏡』による）。頼朝は、このころには近くの北条（静岡県伊豆の国市）を本拠地とする武士、北条時政の娘の政子と結ばれていた。

同年八月、北条時政らとともに挙兵した頼朝は、転戦を重ね東国武士を味方にしつつ、約二ヵ月後の十月に鎌倉へ入る。鎌倉は、頼朝の先祖で前九年合戦（前九年の役）の英雄、源頼義《よりよし》ゆかりの地であった。鎌倉幕府の成立時期には、何に重点を置くかによって、治承四年から建久《けんきゅう》三年（一一九二）までの複数の説があるが、筆者は頼朝が鎌倉に入ったこの時、治承四年説をとる。

以後、頼朝は、自身は鎌倉にいて、配下の武士や弟源義経《よしつね》らを諸所に派遣して平氏（平清盛は頼朝挙兵の翌年に没し子息宗盛《むねもり》が跡を継ぐ）と戦う。その間に頼朝を支持した武士たちも彼と主従関係を結んで御家人《ごけにん》となり、鎌倉幕府と後に呼ばれる組織を作り上げていった。鎌倉幕府は武士が作った、日本初の本格的な武家政権であった。

寿永《じゅえい》二年（一一八三）十月、後白河法皇は頼朝の東国支配権を認める宣旨《せんじ》（天皇〔ここでは後白河法皇〕の命令を伝える文書）を出した（『百錬抄《ひゃくれんしょう》』同月十四日条、『玉葉《ぎょくよう》』同年閏十月十三日条）。これをもって頼朝と彼が率いる組織は朝廷より公認され（佐藤進一　一九九三）、鎌倉幕府は政権として整っていった。

頼朝は、弟義経らの活躍によって元暦《げんりゃく》二年（一一八五）に平氏を壇ノ浦《だんのうら》（山口県下関市）で滅ぼした。文治《ぶんじ》五年（一一八九）には奥州を支配していた奥州藤原氏をも滅ぼす。そして建久三年七月、頼朝は征夷大将軍《せいいたいしょうぐん》に任官した。学生のころ、「いい国（一一九二）作ろう鎌倉幕府」の語呂合わせで年号を暗記した人も多いだろう。以前は、頼朝の征夷大将軍任官をもって鎌倉幕府の成立と教科書に記されるほどの出来事であった。

征夷大将軍とは、もともとは朝廷が蝦夷《えみし》（東北地方に住む人々）征討のために派遣する軍の最高指揮官であった。

しかし、頼朝は「征夷大将軍」という官職そのものに就任したかったわけではなかった。頼朝はただ「大将軍」になりたいと希望していて、朝廷側が征東大将軍などのいくつかの候補の中から、消去法で征夷大将軍を選んだという（櫻井　二〇一三）。頼朝にとっては、結果的に征夷大将軍に就任したに過ぎないともいえる。

それでは、なぜ頼朝は「大将軍」を望んだのだろうか。当時の武士社会では、平安時代に鎮守府《ちんじゅふ》将軍に就任し武勇の誉れが高い藤原秀郷《ふじわらのひでさと》や平貞盛《たいらのさだもり》、平良文《よしふみ》、頼朝の先祖である源頼義を、単に「将軍」と呼ぶことが多く、鎮守府将軍任官と無関係に勇敢な者を「将軍」と呼ぶこともあった（以下、下村　二〇〇八・二〇一八）。

そして武士たちは彼ら「将軍」を「曩祖《のうそ》（先祖）」として尊崇した。「将軍」の故実（儀式・軍陣などの先例）を継承し、「将軍」の嫡流であることが、武士たちにとっての権威となっていた。頼朝は「将軍」に勝る権威を得るために、「大将軍」を望んだという。

征夷大将軍

このように、頼朝は征夷大将軍への任官を必ずしも望んでいたわけではなかったが、彼以降の鎌倉幕府の歴代首長は、征夷大将軍に任官している。征夷大将軍は、武家政権の首長が就任する官職として定着したのだ。それは鎌倉幕府だけではなく、室町幕府・江戸幕府も同様であり、結果として七百年近くも続いた。

頼朝が正治《しょうじ》元年（一一九九）に死去した後、幕府の二代将軍となったのは、頼朝と政子の子の頼家《よりいえ》であった。しかし彼は十八歳と若く、御家人たちの合議制で幕府を運営することとなった。合議制のメンバーは十三人で、その中に北条氏から政子の父時政・時政の子で政子の弟義時《よしとき》の二人が入っていた。

父子で合議制のメンバーに加わっているのは北条氏のみである。これは時政が将軍家の外戚、義時が頼朝の家子《いえのこ》（親衛隊）を代表する立場で入っているからであろう（細川　二〇〇七b）。

頼家が頼朝の跡を継いでから、御家人同士の抗争が連続して起こる。その抗争を制し権力を握ったのが北条時政・義時父子であった。時政は頼家の後ろ盾の比企《ひき》氏を滅ぼし、頼家も伊豆修禅寺（静岡県伊豆市）に幽閉して殺してしまう（『愚管抄《ぐかんしょう》』）。時政は三代将軍に頼朝と政子の子で頼家の弟にあたる十二歳の実朝《さねとも》を擁立し、自身は政所別当に就任する。

しかし時政は元久《げんきゅう》二年（一二〇五）閏《うるう》七月、実朝を暗殺し娘婿の平賀朝政《ひらがともまさ》の将軍擁立を企てたとして義時に追われ、後妻の牧方《まきのかた》とともに伊豆北条に追放される（牧氏の変）。

『吾妻鏡』には、この時に義時が「執権の事を承らしめたまう」とある。ただ、実際に義時が時政に代わり政所別当に就任したのは、承元《じょうげん》三年(一二〇九)十二月ごろと考えられている(岡田 二〇〇一)。

2 執権政治から得宗専制政治へ

源実朝の死

権力を握った義時は、侍所別当の和田義盛を挑発し、建保《けんぽう》元年(一二一三)五月、和田氏と合戦し滅亡に追い込む(和田合戦)。義時は義盛が就任していた侍所別当に就任し、政所・侍所の両別当を兼ねた。この両別当職を兼ねるのが、執権である。

以後、執権は連署(副執権)とともに代々北条氏のみが世襲する職となった。北条氏の幕府での権力の源泉は、この執権職にある。

義時は、三代将軍実朝の代に幕府を主導していた。その義時率いる幕府にとって、一大転機となる出来事が起こる。実朝の死と、承久《じょうきゅう》の乱の勃発である。

承久元年(一二一九)正月、実朝は、右大臣昇進の拝賀のため参拝した鶴岡八幡宮《つるがおかはちまんぐう》で、甥

（兄頼家の子）の鶴岡八幡宮別当公暁に暗殺される。この時実朝は二十八歳、公暁は二十歳であった。「父の敵を討つ」と言って実朝を殺害した公暁もまた、直後に自らの乳母夫であった三浦義村の部下に討たれた。

この事件は、公暁の背後に義時や義村がいたという説、公暁の単独犯行説など諸説があるが、詳細は不明である。いずれにせよ、実朝と公暁は死んだ。承久二年四月に頼家の子の禅暁《ぜんぎょう》が討たれたことにより、源頼朝と北条政子の血を引く男子は絶える。

実朝と、後鳥羽上皇の関係は良好であった。実朝の元服にあたり「実朝」という諱《いみな》（実名）を授けたのは後鳥羽であったし（『猪隈関白記《いのくまかんぱくき》』建仁三年〔一二〇三〕九月七日条）、実朝の正室（坊門信清《ぼうもんのぶきよ》の娘）は後鳥羽のいとこで、実朝正室の姉妹である西御方（坊門局）は後鳥羽の後宮に入っていた。後鳥羽と実朝は、妻同士が姉妹の義兄弟になる。後鳥羽も実朝も和歌を好むなど、実朝が将軍でいる間の鎌倉幕府と朝廷はうまくやっていたといえる。

実朝が死に、将軍を失った幕府は、四代将軍の候補者を探した。実朝には子どもがいなかった。実朝の生前に母北条政子が上洛し、後鳥羽上皇の乳母《めのと》である卿二位《きょうのにい》（藤原兼子《けんし》）と会談した際、卿二位から「後鳥羽上皇の皇子を実朝の後継者に」という話があったという（『愚管抄』）。その提案に従い、幕府は後鳥羽上皇の皇子の鎌倉下向を求める。だが後鳥羽ははっきり回答しなかった。

後鳥羽は、実朝の弔問のために鎌倉へ派遣した使者に、摂津《せっつ》国長江・倉橋荘の地頭《じとう》を改補《かいふ》するよう記した院宣を持たせる。鎌倉幕府は御家人を地頭職に補任《ぶにん》していた。これは御家人にその所領を支配させ、そこからあがる収益を得るようにしたものである。鎌倉幕府の将軍と御家人の主従関係は「御恩と奉公」と言われ、将軍が御家人を地頭職へ補任するのは「御恩」にあたる。将軍と御家人のつながりのもっとも重要なものである地頭職を、後鳥羽の命令で勝手に替えるのか。幕府は難しい局面に立たされた。

慈光寺本『承久記』によると、要求されたのは長江荘のみで、長江荘の地頭は北条義時自身であったが、「他の所領であれば何ヵ所でも献上するが、長江荘は右大将家（源頼朝）から最初に賜った所領であるから、たとえ首を切られたとしても差し上げられない」と後鳥羽の命令を拒否したという。実際に義時の所領であったとしても、それとは関係なく、将軍と御家人の間の御恩と奉公の関係を否定するようなことはできなかったと考える。

結局、幕府は地頭改補を拒否し、再度、皇子下向をもとめた。だが、後鳥羽は拒否した。後鳥羽は、自分の皇子を鎌倉将軍に就けることで天皇と将軍で日本国を二つに割るようなまねはできないが、皇子でさえなければ、たとえ摂関家《せっかんけ》の子息であっても将軍にして構わない、と言ったという（『愚管抄』）。摂関家は、天皇を補佐する重職である摂政《せっしょう》・関白《かんぱく》に任じられる、貴族の中でも最も家格が高い家柄である。

幕府は、摂関家九条家の九条道家《みちいえ》の子息、わずか二歳の三寅《みとら》を将軍候補者として鎌倉へ連れて行った。当時の年齢は数え年なので、現在の満年齢なら一歳である。三寅は源頼朝の妹の曾孫で、頼朝の血縁であることが将軍候補者に選ばれた理由であった（寛元四年〔一二四六〕七月十六日付九条道家願文、春日社記録六）。

三寅は四代将軍候補者ではあったものの、いまだ幼く、当然だが幕府の政治を執ることはできない。そのため北条政子が三寅の後見として政治を執り行った。政子は「尼将軍」と称され、歴代将軍と同等の扱いを受けている（『将軍執権次第』）。

承久の乱

実朝の死から二年後の承久三年（一二二一）五月、後鳥羽上皇は全国の武士にあて、北条義時を討てという宣旨を出した。承久の乱の勃発である。

後鳥羽の目的は、義時討伐のみで、倒幕の意図はなかったとも言われている（長村　二〇一五）。ただ、この時、義時は事実上の幕府最高権力者であり、彼だけを倒せという命令を出したとしても、実質的には倒幕と同義であったと考える。

後鳥羽が倒幕に踏み切った契機は、実朝の死であろう。二人の間には信頼関係が築かれていた。後鳥羽は実朝没後、摂津国長江・倉橋荘の地頭改補を拒否するなど、意のままにならない幕府を倒そうとしたと推定される。

後鳥羽方の軍勢に襲撃され、京にあった幕府の出先機関、京都守護の伊賀光季《いがみつすえ》（義時の妻の兄）が討死した。幕府では首脳陣が集まって対策を協議した。迎撃論優勢の中、長老大江広元《おおえのひろもと》と三善康信《みよしやすのぶ》が過激な積極策を打ち出し、即座の出陣を主張する。義時は彼らの意見に同意し、早速息子の泰時《やすとき》を出立させた。幕府軍は『吾妻鏡』によれば十九万余騎の大軍となって京を攻めた。結果、後鳥羽方は敗北する。

入京した北条時房《ときふさ》（義時の弟）・泰時は六波羅《ろくはら》に入り戦後処理にあたった。これが、鎌倉幕府が京都に置いた西国統治機関の六波羅探題《たんだい》である。時房が南方探題、泰時が北方探題に就任した。後鳥羽と土御門《つちみかど》・順徳《じゅんとく》（ともに後鳥羽の子）の三上皇、後鳥羽の皇子冷泉宮《れいぜいのみや》・六《ろく》条宮《じょうのみや》は配流となり、順徳の譲りを受け四月に践祚《せんそ》（天皇の位につくこと）したばかりの、わずか四歳の仲恭《ちゅうきょう》天皇（後鳥羽の孫）も廃位され、後鳥羽に味方した公卿（最上級貴族）や武士も処罰された。

天皇の廃位や上皇の流罪を武士が主体となって行うのは初めてであり、承久の乱の勝利はこの後の幕府のありかたを大きく変えることとなる。

仲恭天皇の後に即位したのは、後鳥羽の兄守貞《もりさだ》親王（出家して行助《ぎょうじょ》、のちの後高倉院）の子後堀河《ごほりかわ》天皇であった。後鳥羽の所領は幕府によって没収され後高倉院に寄進されたが、「必要なときはいつでも幕府に返す」という条件付きであった（『武家年代記裏書』承久三年閏十月十日条）。後鳥羽方の公卿や武士の所領も没収され、幕府御家人の恩賞に宛てられた。

仁治《にんじ》三年（一二四二）、後堀河の子四条《しじょう》天皇が十二歳で崩御した（『増鏡《ますかがみ》』）。四条には兄弟がなく、当然子もいなかったため、次の天皇に誰が就くかが問題となった。朝廷側が選んだ候補者は、順徳上皇の皇子、佐渡院宮《さどいんのみや》（忠成王《ただなりおう》。当時二十一歳。久保木 二〇一二）。しかし、幕府は承久の乱の時に好戦的だった順徳の皇子ではなく、乗り気でなかった土御門上皇の皇子の阿波《あわ》院宮（邦仁王《くにひとおう》。当時二十三歳）の即位を望んだ。こうして阿波院宮が即位し後嵯峨《ごさが》天皇となった。

幕府の意向が天皇を決める――朝廷と幕府の力関係が、この一事に象徴されるであろう。承久の乱における幕府の勝利の結果である。

幕府を勝利に導いたのは北条義時であった。延元《えんげん》元年（建武三、一三三六）十一月に制定され、これをもって室町幕府の成立とされる『建武式目』は、足利尊氏からの諮問に答申する形式をとっている（佐藤進一・池内 一九五七）。室町幕府を今まで通り鎌倉に置くべきか、という問いへの回答は「その中でも鎌倉郡は、文治年間（一一八五〜九〇）に源頼朝がはじめて武家政権を置き、承久年間（一二一九〜二二）に北条義時が天下を平定した、武家にとっては、もっとも縁起が良い土地というべきである」というものであった。

注目すべきは、源頼朝とならんで義時の名前が挙げられ、しかも義時は「天下を弁呑（天下を平定）」したとする。義時は武家政権で特筆に価する大きな功績を挙げたのである。

3 「御後見」の一族、北条氏

得宗の由来

前述したように、鎌倉幕府の執権と連署は、代々北条氏のみが就く職となった。

義時の子泰時以降、時氏《ときうじ》—経時《つねとき》—時頼《ときより》—時宗《ときむね》—貞時《さだとき》—高時が北条氏の嫡流であり、家督を継いだ。時政と義時を含めた彼ら北条氏の家督八世代九人を「得宗」という。

得宗は、鎌倉幕府第五代執権北条時頼が曾祖父義時に贈った追号「徳崇」に由来すると言われる（細川　二〇〇七b）。時頼は、兄の第四代執権経時が二十三歳で早逝したため、二十歳で執権職に就き、以後時頼の子孫が北条氏の嫡流となった。

時頼の執権就任直後、北条義時の子名越（北条）朝時《ともとき》（泰時の弟）の子の光時《みつとき》の反乱未遂で前将軍九条頼経《よりつね》が京都に送還される「宮騒動《みやそうどう》」と呼ばれる事件が起こる（『鎌倉年代記裏書』寛元四年〔一二四六〕条）。

この時、光時は「我は義時が孫なり、時頼は義時が彦（曾孫）なり」と言ったという（『保暦間記』）。北条義時の曾孫の時頼より、孫の自分のほうが義時から血縁も近く執権にふさわしい、という意味であろう。経時が死にさえしなければ、弟の時頼が執権職に就任することはなかった。執権職就任の正統性《せいとう》に欠けた時頼が、曾祖父義時の権威を利用するため、自らの法名も「徳崇」と同じ「崇」の字をつけて「道崇」としたと考えられている（細川　二〇〇七b）。

得宗の権力はどこから来るのか

北条氏の鎌倉幕府における職制上の地位は、執権・連署（副執権）に唯一就任でき、寄合衆、評定衆、引付衆といった要職に就任できうる一族であった点にある。

本来であれば、北条氏の家督というだけの得宗が実権を握るのはおかしな話である。『北条時政以来後見次第』は、「御後見」という原題で歴代の執権・連署を記し、得宗には「正統《しょうとう》」と記されている（細川　二〇〇七c）。得宗は、北条義時以来の鎌倉幕府将軍の「御後見」の「正統」であることによって鎌倉幕府支配の正統性《せいとう》を得ていた（細川　二〇〇七c）。「得宗専制政治」と言われるように、得宗は大きな権力を握っていた。執権を退いた後の、幕府の職には就いていない時頼や貞時、高時が権勢を振るっていたことからもわかるように、得宗の権力は、鎌倉幕府の職制には直接由来しない。

それでは、いつから得宗という立場に権力が集中するようになったのだろうか。

康元《こうげん》元年（一二五六）十一月、北条時頼は病のため執権職を赤橋（北条）長時に譲ったが、長時は時頼の嫡子《ちゃくし》時宗（当時六歳）が成長する間の「眼代（代官）」であった。時頼は執権職を退いた後も実権を握りつづけた。これが得宗と執権の分離の端緒であり、得宗に権力が集中する得宗専制体制は、北条時宗執権期に成立したと考えられている（佐藤進一　一九九〇）。

実際に、鎌倉幕府打倒を掲げて戦った後醍醐天皇の子護良《もりよし》親王の令旨で倒すべき幕府のトップとして名指しされたのは、現職の将軍守邦《もりくに》親王や執権赤橋守時ではなく、得宗北条高時であった（元弘三年四月一日付大塔宮護良親王令旨、熊谷家文書）。当時の彼は執権も辞めて、幕府の職にはまったく就いていなかったにもかかわらずだ。

『太平記』でも、鎌倉幕府滅亡のハイライトは、北条高時が北条氏の菩提寺東勝寺で自害するシーンとなっている。『太平記』には、将軍守邦親王は登場せず、北条高時の死をもって、鎌倉幕府が滅亡したと描かれているのである。

第1章　落日の鎌倉幕府

1　両統迭立

二つに分かれる天皇家

序章では、駆け足で北条氏が権力を握る過程とその背景を見てきた。

本章では、鎌倉幕府と対峙する朝廷側の状況を確認し、南北朝時代とのつながりを追う。

承久の乱から二十年ほど後の仁治三年（一二四二）、四条天皇が崩御し、土御門上皇の子阿波院宮（邦仁王）が天皇の位に就いた。この後嵯峨天皇は寛元《かんげん》四年（一二四六）に譲位し、四歳の皇子久仁《ひさひと》親王が後深草《ごふかくさ》天皇となった。

正元《しょうげん》元年（一二五九）、後嵯峨上皇は、後深草の弟で十一歳の恒仁《つねひと》親王を天皇とした（亀《かめ》山天皇《やま》)。文永《ぶんえい》四年(一二六七)に生まれた亀山の皇子世仁《よひと》親王が翌年皇太子となった。後嵯峨は文永九年に崩御する。文永十一年に世仁が即位し(後宇多《ごうだ》天皇)、亀山も上皇となった。

後嵯峨は、後深草と亀山のどちらを政務の実権を握る治天の君とするかは幕府の意向に任せるとして決定しなかった。そのため、幕府がその意向を後嵯峨の中宮《ちゅうぐう》(天皇の妃)である大宮院に確認したところ、後嵯峨の意向は亀山にあったとわかり、幕府は亀山上皇を治天の君とした(『神皇正統記《じんのうしょうとうき》』)。自らが治天の君になれず、子孫が皇位に就けないことを悲観した後深草上皇は、太上天皇《だじょうてんのう》(上皇)の尊号を返上し出家する意志を示す。

このとき鎌倉幕府の執権であった北条時宗は、後深草上皇を気の毒に思い、後深草の皇子煕仁《ひろひと》親王を後宇多の皇太子とした(『増鏡』)。時宗は、後深草と亀山の二つの皇統が交互に天皇位につけるように考えていたという(『増鏡』)。

こうして天皇家は持明院統《じみょういんとう》(後深草の皇統)と大覚寺統《だいかくじとう》(亀山の皇統)の二つに分かれ、一代または二代ごとに交互に皇位を継承した。これを両統迭立《りょうとうてつりつ》という。

鎌倉幕府は両統迭立の原則を支持していたが、大覚寺統・持明院統それぞれが自派に優位となるよう幕府に働きかけ、皇位をめぐって激しく争った。

天皇位は、後宇多(亀山の子。大覚寺統)→伏見《ふしみ》(後深草の子。持明院統)→後伏見(伏見の子。持明院統）→後二条《ごにじょう》（後宇多の子。大覚寺統）→花園《はなぞの》（伏見の子で後伏見の弟。持明院統）と続いた。

そして、治天の君も大覚寺統・持明院統が交互に就いた。花園の皇太子には後宇多の皇子で後二条の弟の尊治《たかはる》（大覚寺統）がなった。

尊治は本来皇太子になるべき後二条の皇子が幼少であったため、代打として皇太子になったのである。天皇である花園（十二歳）より皇太子尊治（二十一歳）のほうが九歳も年上であった。

言うまでもないが、皇太子が天皇になったとき、その天皇の父や祖父が院政を執り、治天の君となる。皇太子がどちらの統から出るかが、その後の権力争いに重要なのである。

花園が天皇になって九年が過ぎた文保《ぶんぽう》元年（一三一七）、大覚寺統は花園の退位を望んだが、持明院統は応じなかった。同年四月、幕府の使者（東使《とうし》という）摂津親鑒《ちかあき》が上洛し、皇位継承は大覚寺・持明院両統の話し合いで解決すべきで、幕府は原則として介入しないとの方針を示した（『花園天皇宸記《しんき》』同月九日条、森茂暁　二〇〇八ａ）。これを含めた花園の譲位・後醍醐の即位にいたる過程を「文保の和談」と呼んでいる。

後醍醐天皇（絹本着色後醍醐天皇御像、清浄光寺〔遊行寺〕蔵）

後醍醐天皇という強烈な個性

しかし文保元年九月に持明院統の伏見法皇が崩御し、翌年、大覚寺統の後宇多法皇に押し切られる形で花園が退位し、後醍醐が即位した。後醍醐の皇太子には後二条の皇子邦良《くによし》親王がなり、邦良の次の皇位には持明院統の後伏見の皇子量仁《かずひと》親王が予定された。後宇多の真の目的は、後醍醐の即位によって邦良を皇太子につけること、つまり邦良を次期天皇とすることにあった。後宇多にとって、後醍醐は邦良が即位するまでの一代限りの中継ぎであった（森茂暁　二〇〇八ａ）。後醍醐の系統に皇位を伝えるつもりはなかったのである。つまり、現状が続く限り、後醍醐の子孫は天皇になれないことになる。

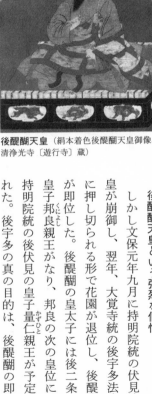

この後醍醐がのちに鎌倉幕府を倒し、建武政権を樹立する。

後醍醐がいつから鎌倉幕府打倒の意志を持っていたのかは明らかではないが、彼が子孫に皇位を伝えるためには、現状を打破し、両統迭立という原則とそれを支持する鎌倉幕府を倒す必要があった。

倒幕という大事件の原因が、一個人の個性にすべて帰すわけではない。しかし後醍醐という強烈な個性を持った人物が天皇でなかったなら、鎌倉幕府が倒れるのには、もうしばらく時間がかかったであろう。

後醍醐が即位し、後宇多が治天の君として院政を開始したが、後宇多は元亨《げんこう》元年（一三二一）に院政を止め、後醍醐の親政となった。後醍醐は記録所（訴訟などを扱う重要機関）の裁判に自ら出廷するなど、精力的に政治を行った。従来、後醍醐の政治は革新的といわれてきたが、後宇多の先例を踏襲した部分もあり、後醍醐の政策を特異とする説は見直されてきている（中井　二〇二〇）。

正中《しょうちゅう》の変と元弘の乱、二つの倒幕運動によって鎌倉幕府は滅亡する。正中元年（一三二四）六月の後宇多法皇の崩御が、倒幕運動表面化のきっかけとなったのであろう。正中の変が起こるのは、後宇多崩御の三ヵ月後のことである。

2　後醍醐天皇の倒幕運動

「当今御謀叛」——正中の変

正中元年九月、後醍醐の倒幕計画が露顕した。これを正中の変という。

花園上皇の日記『花園天皇宸記』によると、正中の変は、後醍醐が倒幕のため集めた武士の一人、土岐頼員《よりかず》の密告により発覚した（元亨《げんこう》四年九月十九日条）。同じく武士の土岐頼有《よりあり》・多治見国長《たじみくになが》は誅され、後醍醐の側近の公卿日野資朝《ひのすけとも》・俊基《としもと》は六波羅探題に捕らえられた。

このころ鎌倉にいた武士の結城宗広《ゆうきむねひろ》は、この事件を「当今《とうぎん》御謀叛」と表現した（元亨四年九月二十六日付結城宗広書状、越前藤島神社文書）。宗広は、後醍醐天皇（当今）が幕府に対して謀叛を起こした、と認識していたのである。

資朝・俊基らは事件の糾明のため鎌倉へ送られた。後醍醐は、自分は無関係だと主張し、嫌疑を晴らすために公卿の万里小路宣房《までのこうじのぶふさ》を鎌倉へ向かわせた。

宣房は鎌倉で、このころ幕政を取り仕切っていた得宗被官（得宗家の家臣を指す学術用語。史料上の用語は「御内人《みうちびと》」）のトップ、内管領長崎円喜《ながさきえんき》と有力御家人の安達時顕《あだちときあき》（北条高時の正室の父。『保暦間記』に対面したが、この時正二位権中納言という高貴な位にあった宣房が、位階でははるかに下の時顕を恐れ、座を退いて板敷きの床に下がり、人々の笑い者となったという（寛　一九八五）。宣房の忠義によってではないだろうが、後醍醐にはおとがめなしであった。日野資朝は佐渡へ流罪となったが（『公卿補任《くぎょうぶにん》』正中二年条）、日野俊基は罪に問われず京へ戻った。

ただ、正中の変によって、持明院統側からも、皇太子邦良親王側からも後醍醐の退位を求める声が大きくなった。後醍醐と皇太子邦良が競って幕府に働きかけるため使者を派遣するさまは「競馬《くらべうま》」と皮肉られた（『花園天皇宸記』正中二年正月十三日条）。

邦良親王の薨去

ところが嘉暦《かりゃく》元年（一三二六）三月、皇太子邦良親王が二十七歳で薨去《こうきょ》する。大覚寺統・持明院統・後醍醐天皇それぞれが次の皇太子候補を推薦した。後醍醐は当初から一代限りの天皇とされていたため、この期に自らの子孫に皇位を継承すべく、皇子尊良《たかよし》親王を皇太子候補に挙げたものの、幕府は持明院統の量仁親王を皇太子とした（森茂暁　二〇〇〇）。

このまま幕府が推す量仁が天皇になれば、後醍醐の子孫が皇位を継ぐ可能性はなくなる。

後醍醐は改めて倒幕の決意を固めたであろう。事実、後醍醐は嘉暦元年から四年間にわたって、自らの中宮禧子《きし》の安産祈願を装って幕府調伏の祈禱を行い、後醍醐自らも護摩を焚き祈禱に加わったという（百瀬　二〇〇〇）。

幕府の状況

このころ、鎌倉幕府の将軍は、九代目の守邦親王であった。幕府は三代で源氏将軍が滅びた後、前章で見たように、摂関家九条家出身の将軍を擁した。そして九条家出身の将軍二代（九条頼経・頼嗣《よりつぐ》父子）を経て、六代目以降は親王将軍を戴いていたのだ。六代将軍は後嵯峨天皇の皇子宗尊《むねたか》親王、七代将軍は宗尊親王の王子惟康《これやす》親王、八代将軍は後深草天皇の皇子久《ひさ》明《あきら》親王、そして現在の九代将軍が久明親王の王子守邦親王である。

将軍が持明院統出身のため、皇位継承でも持明院統に有利にはかってもよいはずであるが、幕府はそうはせず、皇位は大覚寺・持明院両統から交代で就くべきという姿勢であった。倒幕運動を起こした後醍醐に対しても、皇位を降りるように動くこともなかった。

もともと幕府は、皇位は両統の話し合いに任せるという姿勢であった。さらに正中の変以降の幕府には、朝廷に口を出す余裕はなかったのである。

たとえば、元応《げんおう》二年（一三二〇）以降、陸奥《むつ》・出羽《でわ》の情勢は不安定であった。鎌倉幕府から派遣されていた北条氏の代官、蝦夷管領《えぞかんれい》の安藤氏の支配に反発する蝦夷の蜂起が起こり、安藤氏内部での争いも起こった。

安藤氏の内部抗争は、父長崎円喜の後を継いで内管領となっていた長崎高資《たかすけ》が双方から賄賂をもらったため収拾がつかなくなり、さらに混乱したものの、嘉暦三年（一三二八）十月にはなんとか和議がまとまっている。

一方の鎌倉では、嘉暦元年三月、執権職にあった得宗北条高時が病のため執権を辞す。次の執権には北条氏庶流金沢《かねさわ》氏の金沢貞顕《さだあき》が就任した。しかし高時と弟泰家《やすいえ》の母大方殿（安達氏庶流大室泰景〔泰宗〕の娘。鈴木由美　二〇一九）は、泰家の執権就任を期待していた。そのため貞顕が執権に就任したのを不服として泰家を出家させ、後追い出家をする武士が続出するなど鎌倉中が騒然となった。泰家や大方殿の報復を恐れ、貞顕は就任からわずか十日で執権を辞任し出家してしまう（『保暦間記』）。これを嘉暦の騒動という。

後任の執権には、赤橋（北条）守時が就任した。この守時が、鎌倉幕府最後の執権となる。

元弘の乱

幕府の混乱をみて、後醍醐は再び倒幕を計画したが、またもや計画は事前に発覚した。これが元弘元年（一三三一）に起こった、元弘の変である。

四月二十九日、後醍醐の側近吉田定房《さだふさ》が、後醍醐の倒幕計画を密告する使者を鎌倉に送り、幕府の知るところとなった（『鎌倉年代記裏書』同日条。以下、本節これによる）。これに対する幕府の動きは迅速で、五月五日には幕府の使者として、長崎高貞《たかさだ》（高資の兄弟）らが上洛し、後醍醐の計画に加わった日野俊基や僧文観《もんかん》・円観《えんかん》らを捕らえた。俊基らは鎌倉へ送られた。

幕府が団結して事に臨まなければいけない状況であったのだが、八月六日には、長崎高資の専横を憎んだ北条高時が、長崎高頼《たかより》（高資のおじ）らに高資を討たせようとして発覚。高時は関与を否定し、高頼らは流罪になった（『保暦間記』）。

倒幕計画の参加者は捕らえられていったものの、後醍醐自身に対しては、幕府は手を出していない。八月九日には元徳から元弘への改元が行われているが、幕府は書類不備を理由に元弘の年号を用いず、元徳を使い続けた（『元弘日記裏書』同日条）。

しかし八月二十四日になって後醍醐は内裏《だいり》を出て、同月二十七日に笠置城《かさぎ》（京都府相楽郡《そうらくぐん》笠置町）に籠もった。幕府は承久の乱の先例（ただ、後鳥羽上皇は自ら籠城などしなかったが……）にならって二十万八千騎の大軍を差し向ける。この軍の中には、大将軍の一人として足利尊氏（初名は高氏だが本書では尊氏で統一する）も加わっていた。尊氏は清和源氏の名門御家人足利氏の当主である。尊氏の妻が現執権赤橋守時の妹であったように、足利氏の当主は代々北条氏と婚姻していた。大将軍四人のうち他の三人は北条氏であり、尊氏の幕府内での家格の高さがうかがえる。

翌九月二十八日に笠置城は陥落し、後醍醐は捕らえられる。その間の九月二十日、幕府は皇太子量仁親王を天皇にしている（光厳《こうごん》天皇）。光厳の皇太子には、大覚寺統から邦良親王の子の康仁《やすひと》親王を立てたから、幕府は両統迭立の原則通りに動いている。大覚寺統を不利に扱うつもりはなかったようだ。

後醍醐が籠城中の九月に、後醍醐に応え、楠木正成《くすのきまさしげ》が下赤坂城（大阪府南河内郡千早赤阪村）で挙兵した（『太平記』、生駒　二〇一七）。南朝の忠臣として名高い楠木正成の挙兵は、後醍醐の笠置籠城に対応して起こしたものだったようで、準備は十分でなかった。笠置城攻めのために上洛した幕府軍も加わって攻められた下赤坂城は、十月二十一日に落城した。楠木正成は城を捨て、落ち延びている。

幕府は後醍醐やその皇子たち、そして周囲の公卿、僧侶などの処分を進めた。後醍醐は隠岐《おき》に、後醍醐が皇太子候補に挙げた皇子尊良親王は土佐《とさ》に、同じく皇子の天台座主《てんだいざす》（比叡山《ひえいざん》延暦寺《えんりゃくじ》の住職）尊澄法親王《そんちょうほっしんのう》（宗良親王《むねよし》）は讃岐《さぬき》に配流された。正慶元年（元弘二、一三三二）三月のことである（『武家年代記裏書』同月七・八日条）。

後醍醐の配流により元弘の変は終息したが、倒幕の動きは収まらなかった。元弘の変から始まり、これら幕府滅亡にいたる一連の戦乱を元弘の乱という。

後醍醐の皇子尊雲《そんうん》法親王は天台座主も務めていたが、僧侶の身から還俗《げんぞく》（出家した人が俗人に戻ること）して護良親王と名乗った。父後醍醐の倒幕運動に協力し、比叡山の僧兵を味方にした護良は、一時期笠置城に入ったが楠木正成のもとに身を寄せるなどして幕府には捕まらずにいた（『増鏡』）。そして、護良は正成と連携し、正慶元年六月ごろから倒幕の令旨を多数発給し、後醍醐が不在の中、倒幕運動の中心となって活動した。幕府も護良や正成を討つべく両人の首に恩賞をかけたが（『楠木合戦注文』）、効果はあがらなかった。

楠木正成も再び挙兵し、河内や摂津の各所で戦い続ける（『神皇正統記』）。幕府は護良親王のいる吉野（奈良県吉野郡吉野町）と、正成方の平野将監入道《しょうげんにゅうどう》が籠城する赤坂城（上赤坂城。大阪府南河内郡千早赤阪村）、正成の籠もる千早城（同）へ軍勢を派遣する（『楠木合戦注文』、

『太平記』)。

結果、吉野と赤坂城は陥落したものの、護良は落ち延びた。平野将監入道の動向は不明であるが、『太平記』では処刑されたという。幕府軍に大岩を落とすなどの正成のゲリラ的戦法に翻弄される幕府軍は千早城を落とせず、軍勢を貼り付ける羽目となる(『太平記』)。

3　鎌倉幕府の滅亡

足利尊氏の離反

そうした中の正慶二年(元弘三、一三三三)閏二月、後醍醐が配流先の隠岐を脱出した。伯耆《ほうき》の名和長年に奉じられて船上山《せんじょうさん》(鳥取県東伯郡《とうはくぐん》琴浦町)に入り、諸国の武士に対して味方につくよう綸旨《りんじ》(天皇の命を受けて蔵人が発行する命令書)を送った。後醍醐に味方する軍勢は船上山へ集まり、側近の貴族千種忠顕《ちぐさただあき》は軍勢を率いて京を目指し進軍する(『太平記』)。

また、護良親王から令旨を受け取った播磨《はりま》の武士赤松円心《えんしん》(俗名則村《のりむら》)も挙兵し、三月には京の周辺山崎(京都府乙訓郡《おとくにぐん》大山崎町)・八幡(同八幡市)あたりに拠点を置き、幾度か京に攻め込み六波羅探題軍と交戦していた(『太平記』、『増鏡』)。

この状況に苦慮する六波羅探題に、幕府は援軍として鎌倉から足利尊氏と名越（北条）高家を派遣する。

四月十六日に尊氏が、十九日に高家が京に到着し、六波羅探題軍に加わった（『太平記』）。しかし二十七日に、高家は久我縄手《こがなわて》（鳥羽から山崎へいたる桂川西岸の道）で討死してしまう（同年五月　日付和田《みきた》助家軍忠状、和田文書、『梅松論』）。尊氏は二十九日、丹波篠村《たんばしのむら》（京都府亀岡市）に入り、幕府から離反し、後醍醐方に味方した（『梅松論』）。

尊氏が後醍醐方と連携したのは、この年四月中のようである（吉原　二〇〇二）。尊氏が幕府から離反した理由は何か。

前述したように、元弘元年（一三三一）九月の元弘の変の際、尊氏は笠置城攻めの大将軍として出陣した。この時は父貞氏が死去した直後であったが喪に服すことも許されず、遺恨を抱いたという（『梅松論』）。もちろん、それだけが理由ではないだろう。尊氏が不満を抱いているのは幕府側も承知していたようで、翌正慶元年六月、尊氏は従五位上に叙された。これは幕府からの申し入れで急に行われたという。尊氏の不穏な動向に警戒感を抱いた幕府の懐柔策ではないかと言われている（森茂暁　二〇一七）。

また足利一門の今川了俊《りょうしゅん》（俗名貞世《さだよ》）が著した『難太平記』によると、足利家には、先祖の源義家《よしいえ》が「七代目の子孫に生まれ変わり天下を取る」と記した置文が伝わっていたという。七代目（実際は八代目）にあたる尊氏の祖父足利家時は、天下を取ることができずに「私の命を縮めて、三代の間に天下を取らせて下さい」と置文を残して自害した。尊氏と尊氏の弟直義は、この願いによって倒幕に踏み切り天下を取ったといわれている。

しかし、この話は事実とは認めがたい。なぜなら、家時が死去する際に記した置文（『難太平記』にみえる家時の置文と同じものと考えられる）を読み感激したという内容の直義の書状（年欠四月五日付足利直義書状、三宝院文書）が残されているのだが、直義の書状が記された時期は正平五・六年（観応元・二、一三五〇・五一）ごろであり、つまり直義が家時の置文を見たのはそのころと推定されるからである（中村　一九七八）。よって家時の置文が倒幕のきっかけとなったとは考えにくい。

他の理由には、足利氏の当主は代々北条氏の血を引いていたが、尊氏の母は京都出身の貴族上杉氏の上杉清子《きよこ》で、尊氏が北条氏の血を直接引いていないこと（清水　二〇一三）、尊氏が元弘元年の出陣で倒幕の気運に触れ、このままだと北条氏と共倒れになるという危機感を抱いたためとの指摘もある（細川　二〇二〇）。いずれも離反の要因であったと考えられる。

六波羅探題の滅亡と新田義貞の鎌倉攻め

尊氏は六波羅探題を攻め、六波羅は正慶二年五月七日に陥落した（『武家年代記』同年条）。六波羅探題は北方と南方の二名体制で、北方普恩寺《ふおんじ》（北条）仲時《なかとき》と南方北条時益《ときます》は光厳天皇と後伏見上皇・花園上皇を奉じて鎌倉を目指して京を脱出した。

しかし時益は途中で討死し、仲時は近江番場（滋賀県米原《まいばら》市）で後醍醐方の軍勢に進路を阻まれ自害した。この時、仲時とともに自害・討死したのは四百三十余人であった（『近江国番場宿蓮華寺過去帳』）。光厳と後伏見・花園は後醍醐方の武士に捕らえられ京へ戻された。

五月八日には、足利氏と同じく清和源氏の新田義貞が倒幕のために上野《こうずけ》で挙兵し、鎌倉へ進軍した（以下、義貞軍の鎌倉攻めは、山本　二〇〇五、『太平記』、『梅松論』による）。義貞の挙兵は、新田一門の岩松経家《いわまつつねいえ》と同様に尊氏の指示に基づいたものと考えられる（峰岸　一九九一、田中　二〇一五）。義貞軍には、尊氏の子息千寿王《せんじゅおう》（この時四歳。のちの室町幕府第二代将軍足利義詮）も合流していた。

義貞軍は進軍を続け、各所で幕府軍を破った。五月十一日には武蔵小手指原《こてさしがはら》（埼玉県所沢市）、十二日には武蔵久米川《くめがわ》（東京都東村山市）で義貞軍は幕府軍を破り、五月十五・十六日には武蔵分倍河原《ぶばいがわら》（東京都府中市）で幕府軍と衝突する。鎌倉からは北条高時の弟泰家

（法名恵性《えしょう》）が大将として出陣した。連敗の報に危機感を持った幕府が、得宗の同母弟という貴種を大将に選んだのであろう。

十五日の合戦は幕府軍が勝ったが、追い討ちをかけなかった。そのため、翌十六日に新手を加えた新田軍の反撃を受けて幕府軍は敗れ、大将の泰家も鎌倉へ逃げ帰った。

十八日、義貞軍は鎌倉に到達、合戦を開始する。義貞軍は軍を極楽寺・巨福呂坂《こぶくろざか》・化粧坂《けわいざか》の三手に分け、幕府軍も同じく三手に分けて戦ったという。『太平記』では稲村ヶ崎を突破するため、新田義貞が海中に剣を投じて龍神に祈ると潮が引いて干潟が現れ、そこから鎌倉府内に攻め込んだと言われている。剣を投じた云々はともかく、当時は気候が冷涼化し海岸線が海側に後退する現象が起こっていた時期であり、干潮によって干潟化した稲村ヶ崎の海岸線を、義貞は突破し攻め込んだという（磯貝　二〇〇二）。

北条泰家と時行の鎌倉落ち

『太平記』には、鎌倉攻めの際の北条一族の動向を伝える話が多く残っている。洲崎《すざき》（神奈川県鎌倉市）を守る執権赤橋守時が、自分は幕府を裏切った足利尊氏の縁者なので、一門の者に疑われているであろうことを恥じて自害したこと。前執権金沢貞顕の子息金沢貞将《さだゆき》が、北条氏の菩提寺東勝寺にいる北条高時のもとに最期の挨拶に向かったところ、高時から「両探題職」に任命するとの御教書《みぎょうしょ》を受け取り、彼は御教書の裏に「我が百年の命を棄て公《きみ》が一日の恩を報ず」と書いて鎧の胴の合わせ目に入れ討死したこと。そういった北条一族やその家臣が何人も自害や討死をし、あるいは降伏し、落ち延びていったエピソードが載っている。その中から、中先代の乱に関係する話を紹介したい。

北条高時の弟泰家は、分倍河原の敗戦の後、鎌倉に戻っていた。そこへ得宗被官の諏訪盛《もり》高《たか》が、幕府の滅亡も近いからと泰家に自害を勧めに来た。泰家は人払いをして盛高に言った。「我が北条家が滅亡するのは、ひとえに兄高時が人望を失い、天に背いたためである。だが、これまでの善行の果報が当家に残っているなら、生き延びた者の中から、滅びた一族を再興する者がきっと出るだろう。その時のために、俺はむやみに自害をせずに逃げて雪辱を果たそうと思う。お前は兄の子である亀寿《かめじゅ》を守って落ち延び、時が来たら兵を挙げ、我が一族を再興して欲しい。亀寿の兄万寿《まんじゅ》のことは、万寿の伯父（母の兄）の五大院宗繁《ごだいいんむねしげ》に託したから安心している」

亀寿が後の北条時行、万寿が北条邦時である。盛高は、信濃の諏訪大社の神官諏訪氏の一族であった。盛高は承諾した。

盛高は万寿・亀寿兄弟の母で高時の側室新殿《にいどの》の館に行った。新殿は安心するが、盛高は新殿の口から亀寿の行方が漏れないように、「太守《たいしゅ》（北条高時のこと。相模守《さがみのかみ》の唐名《とうみょう》〔中国風の呼び方〕だが、当時は得宗のみがそう称された〔細川　二〇〇〇a〕）が若君たちに一目会ってともに自害すると仰せなので、お連れに参りました」と嘘をつく。新殿や亀寿の乳母たちが亀寿に取りすがる中を、盛高は無理矢理亀寿を抱き上げ館を走って後にした。後を追った乳母は盛高を見失うと、絶望して井戸に身を投げて死んでしまった。新殿がどうなったかはわからない。

　一方、泰家は自分の部下を集めて言った。

「俺は、奥州へ落ち延び、再び天下を覆す計画を立てて幕府を再興しようと思う。南部太郎《なんぶたろう》と伊達《だて》次郎《じろう》は、奥州の道案内のために連れて行く。そのほかの者は館に火をつけ自害して、俺も皆と一緒に自害したように偽装してくれ」

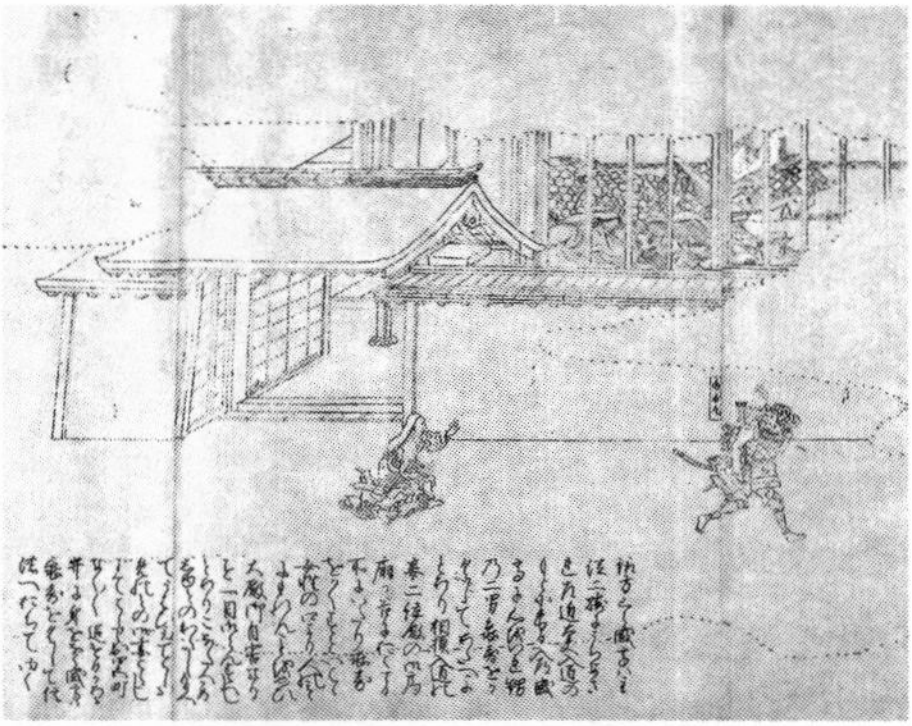

「亀寿殿令落信濃事付左近大夫偽落奥州事」（諏訪盛高に背負われ落ち延びる亀寿。太平記絵巻第4巻，ボストン美術館蔵〔摸本〕）

部下たちは、「仰せに従います」と、誰一人異議を唱えずに館に火をかけて自害する。三百余人の兵も後を追い、次々と腹を切り炎に身を投じた。これを見て、泰家が落ち延びたと思う者は誰もいなかったという。

泰家は『常楽記《じょうらくき》』元弘三年五月二十二日条・『正宗寺本北条系図』によれば鎌倉幕府滅亡時に死んだとされているが、「天下を覆す計画」を企て、再び『太平記』に登場することになる。

五月二十二日、得宗北条高時は東勝寺で自害、鎌倉幕府は滅亡した。『太平記』によれば、東勝寺では八百七十三人が自害し、鎌倉中の死者は六千余人を数えたという。筑前博多《ちくぜんはかた》（福岡県福岡市博多区）にあった、鎌倉幕府の九州統治機関である鎮西探題《ちんぜいたんだい》もまた、同月二十五日に滅びた。

鎌倉幕府九代将軍の守邦親王は、幕府滅亡と同日の五月二十二日に出家し、三ヵ月後の元弘三年八月に薨去した（『将軍執権次第』）。

北条時行の家族

ここで中先代の乱の主役、北条時行の鎌倉幕府滅亡時点での家庭環境をみてみたい。

時行の童名には諸説あり、『太平記』は亀寿（神田本『太平記』・金勝院本『太平記』〔『太平記』の校訂・注釈書である『参考太平記』に引用されて残るが、現在の所在は不明。長坂成行 二〇〇二〕は桃寿、天正本『太平記』は兆寿）、『梅松論』は勝寿丸、『保暦間記』は勝長寿丸、『桓武平氏系図』は長寿丸、『北条系図』A・Bは全嘉丸または亀寿丸とする。

時行の父北条高時には、幾人かの妻と子がいた。はっきり確認できるのは、正室と側室が各一人、娘が二人、息子が二人もしくは三人、猶子《ゆうし》（相続権のない養子）が一人である。

まず高時の正室は安達時顕の娘である。高時と時顕娘の間に子どもは確認できない。安達氏は、高時の高祖父時氏に安達景盛《かげもり》の娘が嫁いで以来、祖父時宗の正室が安達義景《よしかげ》の娘であるように、代々北条得宗家に娘を嫁がせていた（『尊卑分脈』）。高時の母大方殿も、安達氏庶流大室泰景（泰宗）の娘である。ちなみに高時の正室の母である安達時顕の妻は、北条氏庶流金沢氏の出身である。安達氏は得宗家以外の北条氏とも婚姻関係を結んでいた。

高時の側室には、高時の嫡子で時行の兄邦時を生んだ常葉前《ときわのまえ》がいる（〔正中二年〕十一月二十二日付金沢貞顕書状、金沢文庫文書）。

『太平記』には、高時の側室として、得宗被官五大院宗繁の妹で邦時と時行の母「新殿の御局」が登場する。『太平記』の記す通りに邦時と時行が同母兄弟であれば、時行の母も常葉前ということになる。実際に邦時と時行の母が同じであるかは不明である。

高時の娘は、正中元年（一三二四）に生まれて嘉暦元年（一三二六）四月二十一日に三歳で死去した娘（『常楽記』同日条）と、元弘元年（一三三一）七月十四日に高時寵愛の妾（常葉前かは不明）との間に生まれた娘（『鎌倉年代記裏書』同日条）がいる。

息子には、正中二年十一月二十二日に生まれた前述の嫡子の邦時がいる（『花園天皇宸記』同月三十日条、前掲金沢貞顕書状）。童名は万寿（『太平記』）、万寿丸（『桓武平氏系図』、『北条系図』A・B）。邦時出生時の朝廷の対応をみると、邦時は高時の長男であったことがわかる。邦時は元弘元年十二月、七歳で元服した（『鎌倉年代記裏書』同月十五日条）。

邦時が七歳で元服したのは、曾祖父時宗・祖父貞時・父高時の先例に従ったものであった（細川　二〇〇〇d）。邦時は将軍の住む御所で元服している。名前の「邦」も将軍守邦親王の一字を賜ったものであろうから、その待遇を見ると母が側室であっても邦時が高時の嫡子、つまり後継者であったことがうかがえる。

他に高時の息子には、元徳元年十二月二十二日に書かれた金沢貞顕書状（金沢文庫文書）にみえる「太守禅閤（北条高時を指す）今度御出生の若御前」がいる。「今度御出生」とあるから、元徳元年十二月ごろに生まれた子だとわかる。この子は、同月十二日に鶴岡八幡宮別当有助《ゆうじょ》（北条一族の伊具氏の出身）の門弟の居所に入ったというから、有助に弟子入りして出家する予定だったのではないだろうか。

系図で見ると高時には邦時・時行以外の男子は確認できないため、筆者は「太守禅閤今度御出生の若御前」が時行と同一人物であろうと考えている。この推定が正しければ、時行は元徳元年生まれで、正中二年生まれの邦時とは四歳差の兄弟、幕府滅亡時には五歳となり、高時の子息は邦時・時行の二人となる。「太守禅閤今度御出生の若御前」が時行と別人であれば、高時の子息は邦時・時行・若御前の合計三人となる。

高時には猶子もいた。北条得宗家傍流で代々鎮西に在住した阿蘇《あそ》家の随時《ゆきとき》の子、治時《はるとき》である（『保暦間記』）。阿蘇家は、第五代執権北条時頼の弟時定《ときさだ》からはじまり、時定―定宗《さだむね》―随時―治時と続く。随時は正和《しょうわ》二年（一三一三）に二番引付頭人《とうにん》在職が確認されるから、この時には鎌倉にいたことがわかる。そして文保元年（一三一七）には鎮西探題に就任している。「随時自身の実務能力養成と一種の箔付けのため、探題就任前に短期の引付頭人就任が行われたのではないだろうか」（細川　二〇〇〇c、四一頁）と言われている。

治時は文保二年生まれなので、嘉元《かげん》三年（一三〇三）生まれの高時より十五歳年下であった。治時は正慶二年（元弘三、一三三三）正月、十六歳で楠木正成が拠った赤坂城攻めの大

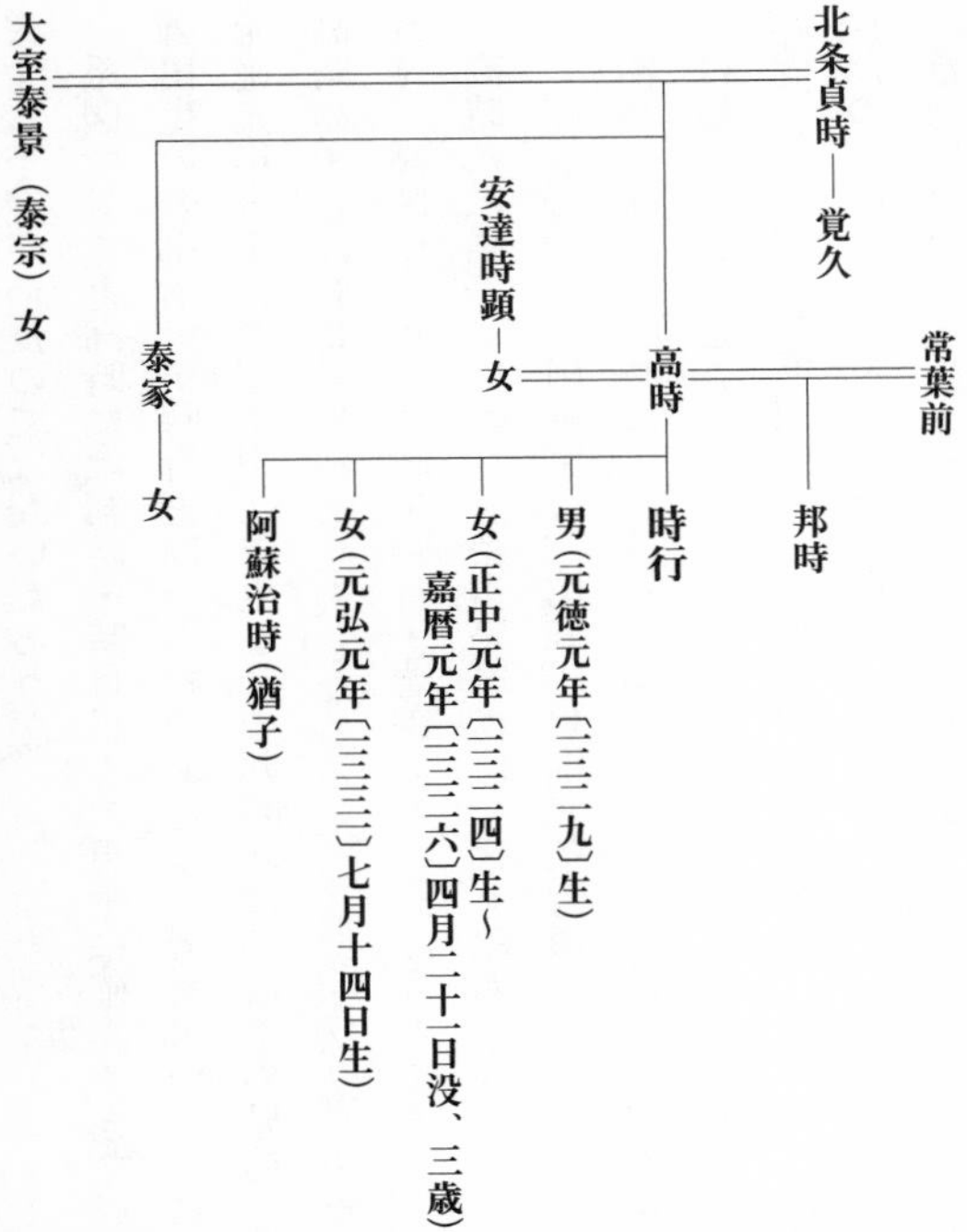

北条時行の家族　北条邦時と時行の母を別人とし、時行と元徳元年生の男子を別人として作成した

将となった。同年五月の六波羅探題滅亡後に他の幕府方諸将とともに奈良にいた治時は、出家し降伏する。そして翌建武元年三月二十一日に京の阿弥陀ヶ峰（京都府京都市東山区）で処刑された（『近江国番場宿蓮華寺過去帳』、『梅松論』、佐藤 二〇〇五）。

祖父貞時の子、つまり父高時の兄弟姉

妹は十数人もいた。しかし夭逝した子が多く、成人した男子は、高時と泰家、出家した覚《かく》久《きゅう》が確認できるのみである（平　二〇〇〇）。

ちなみに泰家には娘がいた（年未詳七月十三日付金沢貞顕書状、金沢文庫文書、『鎌倉遺文』三一一二二一号）。系図（『北条系図』A・B）をみると泰家には息子もいるが、『桓武平氏系図』にみえる父貞時の息子と名前がほぼ一緒である。『桓武平氏系図』にある貞時の息子は別の史料で名前が確認できる子もいるから、泰家の兄弟が泰家の子として系図に混入した可能性が高く、実際に泰家に息子がいたのかは不明である。

ここまでみてきたように、鎌倉幕府滅亡時点で生存が確認できる得宗家の男子は、泰家・邦時・時行と治時である（覚久は没年不詳）。治時は前述のとおり幕府滅亡の翌年に処刑された。邦時は、『太平記』によると、伯父五大院宗繁に託されて生き延びたものの、宗繁に密告されて新田義貞に捕まり、幕府滅亡の一週間後に処刑されたという。九歳であった。

幕府滅亡から逃れ生き延びた泰家と時行は、それぞれ一族再興のために戦い続けることになる。

第2章　北条与党の反乱

1　建武政権の成立

建武の新政

源頼朝が開いて以来百五十年あまり続いた鎌倉幕府は、正慶二年（元弘三、一三三三）五月二十二日に滅亡した。

先に六波羅探題滅亡の知らせを受けていた後醍醐天皇は伯耆を出て京に戻り、六月五日に二条富小路内裏《にじょうとみのこうじ》に還幸した（『公卿補任』同年条）。後醍醐は光厳天皇の即位を認めなかった。当然、光厳の朝廷での叙位・任官も認めず、貴族の官位官職は元弘以前、つまり光厳即位以前に戻された。ここから「建武の新政」と呼ばれる、三年半続く建武政権が始まる。

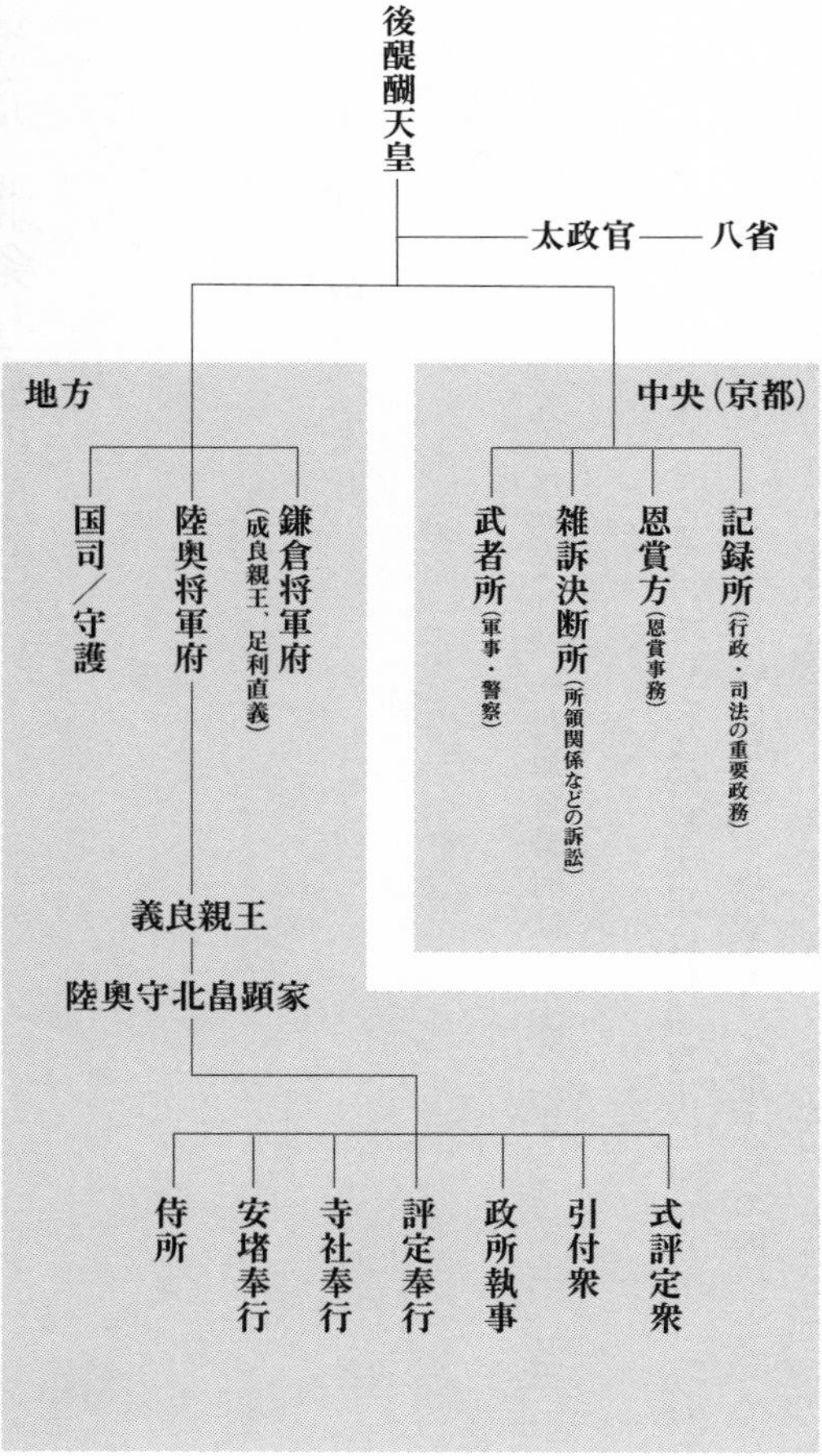

建武政権職制図（『歴史 REAL 天皇の日本史』などをもとに作成）

朝廷では、平安時代の白河上皇以来、上皇が治天の君となって院政が敷かれていたが、後醍醐は天皇自ら親政を行った。天皇を補佐する関白や太政大臣も置かなかった。後醍醐は、記録所や雑訴《ざっそ》決断所（所領関係の訴訟を扱う機関）といった機構を整備するなど精力的に活動した（以下、本節は森茂暁　二〇一二による）。

元弘三年七月には、諸国平均安堵法が発布される。元弘の乱で北条氏側に味方した者以外は、実際に支配している事実をもって所領を安堵するという法律である。これにより北条氏に味方した者以外の所領は安堵されることになり、建武政権下で頻発した所領問題の訴訟の解決を図るものであった（桃崎　二〇一四）。

建武政権の組織は、先に紹介した記録所、雑訴決断所のほか、恩賞方（論功行賞を行う機関）、武者所（洛中の治安・警察機構）を置き、地方に陸奥将軍府、鎌倉将軍府を置き、国司・守護を配置した。

『梅松論』に、このころ公家たちが「尊氏なし」と口ずさんでいたという話があり、足利尊氏が建武政権から疎外されていたともいわれていたが、実際には後醍醐天皇の下で全国規模の軍事的権限を与えられていた（吉原　二〇〇二）。また尊氏が鎮守府将軍に任官したのは元弘三年六月五日、後醍醐の諱「尊治《たかはる》」の一字を賜って「高氏」から「尊氏」に改名したのは八月五日であった（『公卿補任』）。尊氏や弟直義の官位は上昇し、雑訴決断所や武者所に家臣が加わるなどして、建武政権下で重きをなしていた。

そして鎌倉幕府打倒のために大活躍した護良親王は、正慶二年（元弘三、一三三三）五月十日以降、「将軍宮」と自称しているのが確認できるが、実際に征夷大将軍に任官したのは元弘三年六月ごろであった（森茂暁　二〇〇七a、亀田　二〇一七b）。しかし就任からわずか三ヵ月ほどで、護良は征夷大将軍を解任された。その後の建武二年（一三三五）八月に、後醍醐の皇子で護良の異母弟の成良《なりよし》親王が就任する（『相顕抄《しょうけんしょう》』）まで征夷大将軍は置かれていない。後醍醐は、征夷大将軍を置くことに積極的ではなかったようだ。

陸奥将軍府と鎌倉将軍府

地方に置かれた陸奥将軍府・鎌倉将軍府も注目すべき組織である。陸奥将軍府も鎌倉将軍府も、史料用語ではなく、現代の学術用語である。

陸奥将軍府は元弘三年十月、同年八月に陸奥守に任命された公卿の北畠顕家《きたばたけあきいえ》（十六歳）が、後醍醐の皇子義良《のりよし》親王（六歳。のちの南朝二代の後村上天皇。母は阿野廉子《あのれんし》）を奉じて陸奥に下向して作られた、奥羽統治のための行政組織である。顕家の父で南朝の重臣となる北畠親房《ちかふさ》（『神皇正統記』の著者）もともに下向した（『梅松論』、『保暦間記』）。陸奥将軍府は、式評定衆や侍所といった機構が整備され、寺社奉行なども置かれた。鎌倉幕府に似た体制をとっている。陸奥将軍府の事実上の責任者となった顕家が陸奥・出羽の経営にあたった。

一方、鎌倉将軍府は、元弘三年十一月に相模守《さがみ》に任官した足利直義（二十七歳）が、翌十二月に成良親王（八歳。義良親王の同母兄）を奉じて鎌倉に下向して設置した、関東統治のための組織である。管轄地域は関東十ヵ国（相模・武蔵《むさし》・上総・下総《しもうさ》・安房《あわ》・常陸《ひたち》・上野・下《しも》野《つけ》・甲斐《かい》・伊豆）であった。鎌倉将軍府には、政所や小侍所、成良親王の御所を警護する関東廂番《ひさしばん》などが置かれていた。成良親王は建武二年八月に征夷大将軍に任官するが、任官以前の成良親王を「将軍之宮」、足利直義を「執権」と記す史料もある（『御的日記』建武二年正月七日条）。筆者は成良を首長とするこの組織の名称を「鎌倉将軍府」と呼ぶことは適切だと思う。

護良親王の捕縛

建武政権下、たがいに倒幕の功労者であった足利尊氏と護良親王の関係は、微妙なものであったらしい。尊氏・直義兄弟が建武政権で存在感を増しているのとは裏腹に、護良は征夷大将軍を解任され、後醍醐の後継者たる皇太子にも指名されなかった。

護良親王は尊氏排除を企図し、建武元年（一三三四）十月に尊氏襲撃計画を立てるが失敗する。『梅松論』によれば、この計画の背後には後醍醐天皇がいたが、護良は見捨てられたという。護良は内裏で捕縛され、十一月に足利直義のいる鎌倉に身柄を移された。

中央や地方に組織を整えるなど、後醍醐が意欲的に政権を運営していたことは間違いない。

しかし、建武政権下の世情を批判した有名な「二条河原落書《にじょうがわらのらくしょ》」では、「此比《このごろ》都にはやる物夜討強盗謀綸旨《にせりんじ》（このごろ都で流行しているもの　夜討ち・強盗・偽物の綸旨）」・「器用堪否《かんぷ》の沙汰もなく　もるる人なき決断所（有用な人材か、物事を処理する才能があるかも問われず、誰でも加わっている雑訴決断所）」・「させる忠功なけれども　過分の昇進するもあり（たいした功績がないのに不相応な昇進をする者もいる）」などと評価されている。

他に建武政権が人々の期待に応えていなかったことを示すのが、若狭《わかさ》国太良荘《たらのしょう》（福井県小浜市）の百姓の事例である（小林一岳《かずたけ》　二〇〇九）。

太良荘は、鎌倉時代後期には得宗家の所領（得宗領）であった。太良荘の百姓たちは「幕府が滅びて明王聖主（後醍醐天皇を指す）の御代となり年貢が軽くなると喜んでいたら、かえって幕府のころより重くなりました」と訴えた（建武元年五月　日付若狭国太良庄百姓等申状、東寺百合文書ヱ函）。もちろん大げさに記している部分はあるだろうが、建武政権は太良荘の百姓らの期待に応えていなかったことがわかる。

2　各地で起こる反乱

建武政権期に起こった反乱

建武政権期（鎌倉幕府が滅亡した元弘三年〔正慶二、一三三三〕五月二十二日から、後醍醐天皇が吉野に南朝を開いた延元元年〔建武三、一三三六〕十二月までとした）には、各地で反乱が多発していた。

これらの反乱には、滅びた鎌倉幕府の執権北条氏と、得宗被官を含めた北条氏の被官・被官の一族が起こしたものが多くあった。以下、本書では北条氏およびその被官らを「北条与党」と称する。

得宗被官を含めた北条氏の被官の一族を北条与党と把握した理由を説明する。佐藤進一氏は、北条泰時・時頼・時宗の代の得宗被官と北条貞時・高時の代の得宗被官の苗字を調べ、得宗被官の一族は代々得宗に仕えたと指摘している（佐藤進一　一九九三）。

たとえば得宗被官の名が確認できる徳治二年(一三〇七)五月　日付「相模円覚寺毎月四日大斎番文」(相模円覚寺文書)を見ると、全九十六名中長崎氏が七名、工藤氏が六名、諏訪氏が四名など、同じ一族から複数の者が入っている。

そして得宗に仕えた得宗被官の一族のみならず、得宗家以外の北条氏庶流の一族に仕えた被官も代々北条氏に仕える家柄であると考え、北条氏庶流の被官の一族も北条与党として把握した。

なお、得宗被官は得宗の家臣であって、得宗は御家人である北条氏の家督である。御家人は将軍の家臣であるから、得宗被官は将軍の陪臣《ばいしん》になるが、得宗被官が御家人とくらべて身分が低いというわけではない。得宗被官のほとんどが、御家人が得宗の家臣になったものであった(細川　二〇〇七d)。得宗被官であっても、御家人であることには変わりがなかったのである。北条氏庶流の被官も同様である。

中先代の乱以外の北条与党の反乱は、個別の反乱についての先行研究はあるが、全体的な検討になると、これまで言及されることが少なかったように思う(下山　二〇〇一、佐藤進一　二〇〇五、鈴木由美　二〇一二、秋山　二〇一三などで言及されている)。

そこで、本節では建武政権下で起こった北条与党による複数の反乱を検討したい(ただし、足利尊氏の建武政権離反以降の期間は、後醍醐方と足利方の戦闘が多発するため今回の検討からは除外した）。そのために、鎌倉幕府滅亡から足利尊氏の建武政権離反（建武二年十一月）までに起こった反乱をまとめた表と、反乱の起こった場所を地図上に表した図を巻末に掲載した。また巻頭の系図にも、反乱を起こした北条一族を載せている。

建武政権期の反乱の性格

鎌倉幕府滅亡から足利尊氏の建武政権離反までに起こった反乱は二十六件確認できた。そのうち、北条氏（表中、太字で表した）が起こした反乱は十件（表のNo.1、2、4、6～8、10～12、14）。北条氏の被官が起こした反乱が二件（No.3、5）、北条氏でも北条氏の被官でもないが、北条氏に加担していた、あるいは中先代の乱に関連して挙兵したものも、北条与党の反乱に含めた（No.9、13、15）。これら合計十五件は北条与党の反乱と位置づけられよう。

北条与党の反乱は、この期間に起こった反乱全体のうちの半数以上を占める。その他、北条与党が関係しているのか不明である反乱が十一件（表A～K）起きている。

北条与党の反乱は、北は津軽から南は日向まで全国各地で起こっている。北条与党の反乱がそれぞれ連携していたのかについては、たとえば筑前《ちくぜん》・筑後《ちくご》の規矩高政《きくたかまさ》・糸田貞義《いとださだよし》の反乱と日向《ひゅうが》の遠江《とおとうみの》掃部助《かもんのすけ》三郎の反乱など、可能性のある事例がいくつか指摘されている（下山二〇〇一、森茂暁 二〇一二）。

全国で起こった北条与党の反乱は突発的なものではなく、一部では連動していた可能性もある。ただ、中先代の乱以外で広域的な連携を示す史料は確認できない。

佐藤進一氏の説の検討

佐藤進一氏は、建武二年春ごろまでに地方で起こった反乱の共通点を、以下のようにまとめている（佐藤進一 二〇〇五、一〇六〜一〇八頁。適宜①〜⑤と付した）。

①反乱はほとんどすべて、北条氏が守護職をもっていた国（日向・越後・紀伊・信濃・長門）、もしくは北条氏の旧領（陸奥）で発生している。
②反徒には、ほとんどのばあい、北条氏の一族・家人が参加している。
③北条氏の一族・家人のほかに、その地方土着の豪族が参加しているばあいが少なくない（奥州・紀伊・日向）。
④中央の政治情勢が地方に波及していることも、見のがしがたい点である。奥州の豪族

安藤一族は（中略）尊氏が後醍醐から賜わった外浜（青森市を中心に県の過半をおおう地域）を占拠して、足利方が立ち退きを求めると、国府すなわち北畠から預かったのだと抗弁し、一方、国府にたいしては、足利方から預かったと告げて、国府と足利の対立関係を巧みに利用した。（中略）

紀州飯盛城の反乱（中略）討伐に当たって、国の土豪湯浅宗元が尊氏の部将の斯波高経に属したのにたいして、鎌倉時代以来湯浅氏と敵対関係にあった高野山の衆徒は、楠木正成に属した。後醍醐の手足ともいうべき楠木と、足利尊氏の関係が、かれらのあいだにも知られていたからであろう。

⑤陸奥の北部、日向の島津庄など、北条氏の旧領で、尊氏に与えられた地域に反乱が発生している点である。これは北条氏の一族や遺臣に、尊氏を北条氏にたいする反逆者と見る気持が強かったからではないか。

本節でも、佐藤氏が考察しているのと同じ期間である建武二年三月まで（当時は太陰太陽暦のため三月までが春）を比較検討する。

反乱の共通点①

最初に、佐藤氏が①「反乱はほとんどすべて、北条氏が守護職をもっていた国（日向・越後・紀伊・信濃・長門）、もしくは北条氏の旧領（陸奥）で発生している」と述べる点を確認する。

鎌倉時代末期の時点で、北条氏が守護職を保持していたと考えられるのは六十六ヵ国二島のうち三十七ヵ国。日本全国の過半数、五四・四パーセントを占めている。反乱が起こった国は十七ヵ国（陸奥・出羽・筑前・筑後・相模・駿河《するが》・日向・越後《えちご》・紀伊・美濃《みの》・尾張《おわり》・長門《ながと》・信濃・伊予《いよ》・備中《びっちゅう》・讃岐・下野）、そのうち北条氏が守護職を保持しているのは十ヵ国（筑後・駿河・日向・越後・紀伊・美濃・長門・信濃・備中・讃岐）で、五八・九パーセント。五割を超えている（守護職在任状況については、佐藤進一　一九七一b、伊藤邦彦　二〇一〇を参考にした）。

確かに佐藤氏の言うとおり、北条氏が守護職を持っていた国で反乱の起こっている割合が高いが、もともと北条氏は日本全国の守護職の過半数を持っているため、守護職の有無と反乱の発生が相関するといえるかは判断が難しい。

次に、北条氏が守護であった十ヵ国のうち、北条氏の反乱参加が確認できるのは筑後・日向・紀伊・長門の四ヵ国である。北条氏は多くの家系に分かれていた。守護職を持つ家系と反乱を起こした家系に相関性があるのか、以下この四ヵ国の状況をみてみたい。

・筑後（表No.2）

鎌倉時代に筑後守護在職が確認できる北条一族は、名越時章、得宗家傍流の北条宗政である。筑後で反乱を起こしたのは金沢氏傍流の糸田貞義であった。

・日向（表No.4）

日向守護には赤橋久時（極楽寺流北条重時の子の長時の孫）が就いたことが確認され、島津荘日向方は、久時の子守時の所領であった（石井　二〇〇四）。だが、島津荘日向方南郷（鹿児島県曽於《そお》市・宮崎県都城《みやこのじょう》市）で反乱を起こしたのは、遠江掃部助三郎・同助四郎の兄弟であった。彼らの実名は不明である。よってその名乗りから、北条一族のどの家系の者にあたるのかを検討したい。

この時期の史料では、北条氏は名字を付けずに「武蔵右馬助」（『光明寺残篇』。北条氏庶流金沢氏の金沢貞冬《さだふゆ》を指す。人名比定は佐藤進一　一九七一aによる）などと記された。

例に挙げた「武蔵右馬助」とは、父祖が武蔵守を務め、本人が右馬助の官途を持つ者の名乗りとなる。『光明寺残篇』の書かれた元弘元年（一三三一）当時の貞冬の官途は右馬助で、父の貞顕は武蔵守を務めた。佐藤進一氏は「当時関東御教書その他幕府公文書で、充名に苗字を付けず、官途受領名のみを打ちつけに指称される人は北条氏一門か外様の大名に限られていたようである」とする（佐藤進一　一九七一b、一一八頁）。これらを参考にすると、遠江掃部助三郎・同助四郎の父祖は遠江守であったと推定される。さらに、「掃部助三郎」は、父が掃部助であり自分が三郎である者の名乗りである（弟の「助四郎」は、名前を切るところを間違えたもので、おそらく「四郎」が仮名《けみょう》〔通称〕であろう）。

得宗家傍流で鎮西探題を務めた阿蘇随時が遠江守であったので、彼ら兄弟を随時の子孫に比定する説がある（『大日本史料』建武元年七月三日条）。

また、この反乱で家人が二人蜂起している名越高家の父にあたる貞家が遠江守であったことから、兄弟が貞家の官途を名乗ったとみて、彼らを名越氏に比定する説もある（水上　一九五五、森茂暁　二〇一三）。反乱を起こした中には赤橋守時の家人が三人確認できる。

北条氏で掃部助に任官した者は何人もいるが、管見の限り赤橋氏と阿蘇氏には掃部助就任者がおらず、名越氏には数名確認できるので、兄弟は名越氏である可能性が高いと思われる。なお、赤橋氏と阿蘇氏、名越氏は、同じ北条氏であってもいずれも血縁は近くない。

島津荘は日向・大隅《おおすみ》・薩摩《さつま》の三ヵ国に広がる大荘園で、大隅にある島津荘大隅方（鹿児島県伊佐市）は建治二年（一二七六）の時点で地頭が名越公時と確認できるから、鎌倉幕府滅亡時にも名越氏が地頭であったと思われる（石井　二〇〇四）。なお、大隅守護は名越氏や金沢氏が務め、鎌倉時代末期には得宗家庶流桜田《さくらだ》師頼《もろより》が守護であった。

・紀伊（表No.6）

紀伊守護は、極楽寺流北条重時の子孫の赤橋久時・普恩寺時兼（重時の子の業時の子）に伝えられていたが、紀伊で反乱を起こしたのは、重時の弟実泰を祖とする金沢氏の顕宝（実泰の玄孫）であった。金沢氏は赤橋氏とも北条時兼とも血縁はさほど近くない。

・長門（表No.7）

長門で反乱を起こした上野四郎入道は、官途が上野介であった周防《すおう》・長門守護の北条（金沢）時直の子、越後左近将監入道は時直の甥（越後守となった金沢顕時の子）と推定されている（永井　二〇〇三・二〇〇六）。長門守護時直と反乱を起こした二人は近い血縁であった。

以上、北条氏が守護であった国の中から、北条氏が反乱に加わった四ヵ国について述べた。佐藤進一氏は、北条氏の家督である得宗が北条氏一門全体を統制していたとする（佐藤進一　一九九〇）。しかし近年の研究では、北条氏は内部で多くの家系に分かれ、その家系で相伝された守護職を所持し、また独自の経済基盤としての所領を保持するなど独自性を持ち、北条氏一門が得宗の一元的支配下にはなかったことが明らかにされている（石関　一九九四、秋山　二〇〇六a・b）。

これらのことから、北条氏を北条氏という大枠で一括するのではなく、北条氏一門のそれぞれの家で捉えるという視点も必要と考える。北条氏が守護職を持っていた国で反乱が起きた、という見方には再検討の余地があるだろう。

表No.9の信濃は、のちに北条氏とともに反乱を起こす深志介《ふかしのすけ》が挙兵したと考えられている。詳しくは第3章・第5章で述べる。

「北条氏の旧領で発生している」点については、北条氏の旧領でダイレクトに反乱が起きていることが確認できるのは、No.1の陸奥の津軽、No.4の日向くらいである（以下、北条氏の所領については川島　二〇〇八を参照した）。表No.1の陸奥の津軽（糠部《ぬかのぶ》郡）には北条得宗家の所領があり、前述の表No.4の日向も該当する。ただ、津軽で反乱を起こしたのは北条氏有力庶家の名越氏の時如である。

少なくとも表No.1の事例は、反乱を起こした北条一族がその地域と直接関係があるとは見なせないであろう。

反乱の共通点②～⑤

反乱の共通点②「反徒には、ほとんどのばあい、北条氏の一族・家人が参加している」については、十七ヵ国中九ヵ国（陸奥・出羽・筑前・筑後・相模・日向・紀伊・長門・伊予）が該当する。また反乱の共通点③の「北条氏の一族・家人のほかに、その地方土着の豪族が参加しているばあいが少なくない（奥州・紀伊・日向）」という指摘も、その通りである。

反乱の共通点④「中央の政治情勢が地方に波及している」も、指摘されている通りである。

反乱の共通点⑤「陸奥の北部、日向の島津庄など、北条氏の旧領で、尊氏に与えられた地域に反乱が発生している」は、たとえば足利尊氏・直義兄弟に恩賞として与えられた所領のリスト「足利尊氏・同直義所領目録」（東京大学史料編纂所所蔵比志島文書）をみると、反乱が起こった北条氏の旧領は、佐藤氏が挙げる「陸奥の北部」の奥州外浜・糠部郡、日向島津荘のほか、尊氏に与えられた所領に「筑前国同」とあるが、筑前国のどこを与えられたかは明らかではない。

石井進氏は、この「筑前国同」という記述について、「筑前国もまた元弘当時の得宗領と断定できる」とし、尊氏に与えられた地域については「同国内の某地の記載が脱落したのか、あるいは同国国衙領をさすのかが明らかでない」とする（石井　二〇〇四、五・六頁）。

筑前では、鎮西探題金沢政顕の子で、最後の鎮西探題赤橋英時の猶子の規矩高政が、帆《ほ》柱《ばしら》城（福岡県北九州市八幡西区）で挙兵している。

佐藤進一説の検討の結果

以上、佐藤氏が挙げた建武政権初期に起こった反乱の共通点五点のうち四点を検討して、わかったことをまとめる。

一、反乱の五八・九パーセントが、北条氏が守護職を持っていた国で起こっている（陸奥には守護が置かれていない）。また北条氏の旧領でも反乱が起きている地域がある。ただし、もともと北条氏は過半数の国の守護職を持っていたため、偏りがあるかは断定できない。北条氏が守護の国や北条氏の旧領で起こった反乱については、必ずしもその国の守護である北条氏の各家系（得宗家や名越氏、金沢氏など）と反乱を起こした北条氏の属する家系が一致するわけではない。

二、確認できる反乱全体のうちの過半数に、北条与党が加わっている（「反乱が起こった」とのみあるものにも北条与党が関与している可能性はある）。

三、反乱には、北条与党の他にも地方土着の豪族も加わっている。
四、陸奥の北部、日向島津荘など、北条氏の旧領で足利尊氏に与えられた地域で反乱が起きている（筑前もそのうちに加わるかもしれない）。北条与党の反乱が、新領主尊氏に対する反感のために起きたものかは断定できない。

なお、ここで検討した建武二年春より後の話になるが、No.12の中先代の乱も、「一」の事例になる。信濃守護は、極楽寺流北条氏の赤橋氏や普恩寺氏が務めていた。No.14の北陸反乱の大将名越時兼は、越中《えっちゅう》守護名越時有の息子であった（『太平記』）。「四」についても、延元四年（暦応二、一三三九）に、北条氏（大仏貞直《さだなお》）の旧領で尊氏に与えられた伊豆仁科荘（静岡県賀茂郡西伊豆町・松崎町・南伊豆町）で北条与党の反乱が起こっている（第６章参照）。

反乱の地域性

北条与党の挙兵の目的は、鎌倉幕府と北条一族の再興であろう。だが、それだけとも言い切れない。

湯山学氏は、鎌倉将軍府で成良親王の御所を警護した関東廂番の構成人員について検討している（湯山　二〇一二）。六番編成の頭人（その番のトップ）はすべて足利氏一門であり、メンバー三十九名中足利氏と足利氏被官が十一名、鎌倉幕府の元官僚が十五名、関東の武士が九名、不明が四名である。海津《かいづ》一朗《いちろう》氏は、武蔵の武士は二名のみであり、「足利直義の新政権は、一門と旧勢力との妥協の上で維持されており、討幕を真に戦った東国御家人たちの期待に応えるものではなかった」という（海津　一九九六、八三頁）。そして№3の相模・№5の関東の反乱を取り上げて、「この事件は、「北条氏残党の反乱」と評価されることが多いが、東国御家人層を冷遇した成良・直義政権に対する不満が、旧勢力への回帰をもたらしたと考えた方が実態に近いであろう。翌年に発生した大規模な陰謀事件・中先代の乱もまた、このような東国御家人の不満を糾合したものだった」とする（同、八四頁）。関東廂番にみえる相模の武士は三浦時明一名のみである。海津氏の意見は首肯すべきであろう（なお、関東廂番の機能については諸説があり、第3章で後述する）。

全国の反乱の状況

次に、関東のみでなく全国的に反乱の状況を見ると、北条与党の反乱もそれ以外の反乱も北は陸奥から南は日向まで、全国的に起きていることが読み取れる。

建武政権期に起こった反乱への北条与党の参加の有無、また北条氏の所領の所在や、反乱に加担した北条氏と反乱が起きた地域との関連性については、史料の残存状況により確認が取れていないだけという可能性も、もちろん考えられる。

しかし、本節で検討した建武政権下での二年六ヵ月ほどの期間に、全国各地で二十六件もの反乱が起こったということは、北条与党との関連性のみでは理由を説明できないだろう。これは、地域限定ではなく、全国的な規模で建武政権に対しての不満が存在していたためと考えられる。

最大の不満としては、建武政権側の責任ばかりとはいえないが、武士たちへの恩賞給付がスムーズに進まなかったことが挙げられよう（花田　二〇二〇）。御恩と奉公、という言葉にわかるように、「奉公」（軍事的・経済的負担）の対価としての「御恩」（所領の安堵・新しい所領の給付）は、武士たちにとって最も重要なものであったから、当然不満につながったはずである。

反乱全体の中から北条与党の反乱をみると、北条与党の反乱が起きた地域のうち、北条氏が守護職を持っていないのは守護職が置かれていない、もしくは確認できない山城・相模・

陸奥・出羽を除くと、筑前と伊予である。筑前は少弐《しように》氏、伊予は宇都宮氏が守護である。このうち筑前は、前出の九州を支配した鎮西探題の縁者である規矩高政との関連性で説明できる。

陸奥・出羽の名越時如《ときゆき》（No.1）も、時如自身には陸奥・出羽との関わりが見受けられないが、ともに挙兵した安達高景《たかかげ》は出羽国秋田城を統轄する出羽介《でわのすけ》（出羽国の国司の二等官）である秋田《あきた》城介《じようのすけ》であったから（遠藤巌 一九八六）、ゆかりがあったといえる。

その地域との関連性がうかがえず、北条氏がその地で反乱を起こす必然性が見られない事例としては、紀伊の顕宝（No.6）、伊予の赤橋重時（No.8）、京の北条高安（No.10）、同じく京で西園寺《さいおんじ》公宗《きんむね》と手を組んだ北条泰家（No.11）がある（ただし京における高安の蜂起と泰家の陰謀は、両方とも北条与党の反乱ではあるものの、足利尊氏・新田義貞や後醍醐天皇を標的とした奇襲攻撃をしかけるというクーデター的な要素があり、その地方の武士などとともに挙兵して他の反乱とは異質だと考える。よって本節での検討からは除外した）。

紀伊の顕宝（No.6）と伊予の赤橋重時（No.8）には、彼らの家系と紀伊・伊予との直接的な関係は見いだせない。つまり、北条与党の反乱が起きている地域は、北条氏の勢力が強いところとばかりだとは言えないことがわかる。

3　北条氏が担がれる理由

顕宝の反乱

それでは、挙兵した北条氏と関連性の薄い地域でも、反乱に際して彼らが擁立されたのはなぜだろうか。紀伊の顕宝（No.6）の反乱を見てみたい（鈴木由美　二〇一七）。

『太平記』にみえる「佐々目顕宝僧正」は、鎌倉幕府十五代執権を務めた金沢貞顕の甥で、東大寺（奈良県奈良市）の有力な院家《いんげ》（本寺の敷地内にあって、本寺に属する小寺）である西室《にしむろ》院《いん》の院主（住持）の顕宝とされている（平　二〇〇〇）。顕宝は、紀伊飯盛山で挙兵した。

顕宝は、東大寺で「権勢の門主（権勢ある住持）」（『太平記』）であったという。金沢氏の出身という出自を後ろ盾にして権勢を振るっていたのだろう。

鎌倉幕府が滅びた翌年の建武元年（一三三四）四月、顕宝は伊豆修禅寺の再興を願った願文を作成している（同月一日付顕宝願文案、神奈川県立金沢文庫保管称名寺《しょうみょうじ》文書）。鎌倉幕府を滅ぼした後醍醐天皇の年号「建武」を用い、建武元年四月一日付で書かれたその願文は、神護寺《じんごじ》（京都府京都市右京区）を再興し天下統一の望みを成し遂げた源頼朝の先例にならい、北条氏一門の氏寺修禅寺の再興を誓っていた。たとえ自分が修禅寺再興より前に滅びたとしても、必ずその意志によって修禅寺は再興されるだろう、とも記されている。神護寺を再興して天下統一の願いを成就した源頼朝のように、顕宝も修禅寺を再興することの他にも叶えたい願いがあったのだろう。それは、滅ぼされた北条氏一門の再興であったのではないか。

この願文作成から半年後の建武元年十月に、顕宝は挙兵した。僧侶、しかも日本全国の国分寺を総括する総国分寺として鎮護国家の象徴である東大寺の院家の院主という立場にあった顕宝が、北条氏一門の再興のために選んだ手段は武力行使であった。

飯盛山では、顕宝とともに、湯浅党（湯浅氏を中心とした武士団）の一門六十谷《むそた》定尚《さだなお》らが城に拠って戦っている。顕宝自身と紀伊のつながりは判然とせず、顕宝と定尚の関係も明らかではない。生駒孝臣氏は、顕宝の挙兵は楠木正成・三善信連《のぶつら》によって鎮圧され、その後新たに六十谷定尚が挙兵したとするが（生駒　二〇一七）、牡丹健一氏は顕宝と六十谷定尚は一緒に蜂起したとする（牡丹　二〇一八）。筆者は牡丹氏の見解が妥当だと考える。

六十谷氏の本拠地六十谷（和歌山県和歌山市）の近くにある木本荘《きのもと》（同）が、顕宝が院主を務めた東大寺西室院の所領であったから（遠藤基郎　二〇〇七）、顕宝は木本荘であれば名前くらいは知っていたであろう。ただし、六十谷氏と同じく湯浅党で木本荘を本拠地とする木本宗元《むねもと》は建武政権側であった。顕宝が挙兵したのは、特に縁があるとも思えない土地であった。

飯盛山に拠った定尚らは、「まえがき」で述べたように「この城は大変な強敵であり、京都中の心配はただ一つ、この城の事しかありません」と言われるほどの強勢であった。また、高野山《こうやさん》（和歌山県伊都郡《いとぐん》高野町）の衆徒《しゅと》（住僧。寺の軍事力としても活動した）に対し、紀伊国の凶徒退治の綸旨が何度も出されているという（建武元年十月　日付紀伊国凶徒対治事書、高野山文書）。当初は楠木正成・三善信連が討伐に向かい、その後足利一族の斯波高経《しばたかつね》が攻め落としたことからも、建武政権側が討伐に手間取っていた様子がうかがえる。

蜂起から三ヵ月後の建武二年正月二十九日（晦日）、六十谷定尚は討ち取られ、反乱は鎮圧された。顕宝がどうなったのかは不明である。

北条氏が参加する反乱の傾向

顕宝の例のように、地方の武士がその地域に縁の薄い北条氏を担いででも反乱を起こしたのは、現状を打破するためであり、それだけ現状が耐えがたかったのであろう。そうだとすれば、北条氏が加担しようがしまいが反乱は起こったと考えられる。たとえその地域と関係性が薄かったとしても、北条氏を担ぐメリットがあったため、推戴したものと考えられる。

北条氏が加わった反乱の中でも、今見てきたNo.6の紀伊の反乱やNo.1の陸奥・出羽、No.11〜15の中先代の乱とそれに関連する反乱は、前代の権力者である北条氏を担いだ結果、現状に不満を持つ武士が集結し、大規模な反乱になりえたものであろう。建武政権に不満を持った武士たちを糾合しうる権威として、北条氏が機能したことを意味するものと推測される。

本書で主題とする中先代の乱も、本章で検討した建武政権期の反乱の延長線上に位置し、建武政権期の時代の中に位置づけることができよう。

次章からは、いよいよ中先代の乱をみてみたい。

第3章　陰謀と挙兵——中先代の乱①

1　西園寺公宗の謀叛

関東申次西園寺氏

前章で述べたように、北条与党の反乱は各地で起こっており、京も例外ではなかった。

建武二年（一三三五）四月四日、北条一族の高安らによる足利尊氏・新田義貞襲撃計画が発覚した（『五大虚空蔵法記《ごだいこくうぞうほうき》』同日条、坂口 二〇一一）。楠木正成が鎮圧に向かい、北条高安は自害する。何人かが生け捕られて当時後醍醐が行幸していた常盤井殿《ときわいどの》に連行された。

高安らの事件は未然に防がれたが、二ヵ月後の同年六月には、公卿の西園寺公宗が謀叛を企てたことが発覚し捕らえられた。

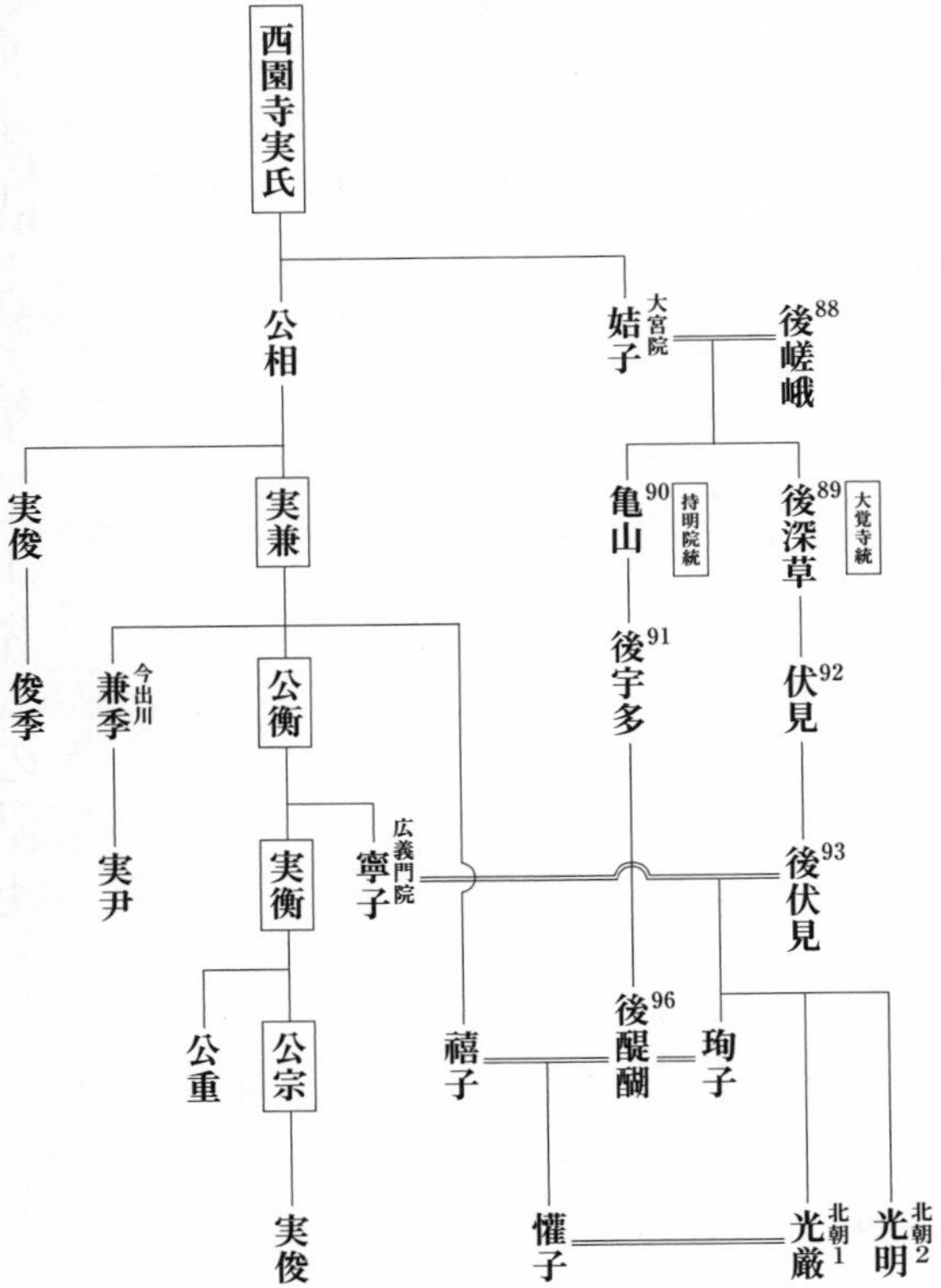

天皇家・西園寺氏略系図
数字は天皇の代数。人物の囲みは関東申次を示す

西園寺氏はその祖西園寺公経《きんつね》以来幕府の信頼を得て重用された一族で、鎌倉時代に朝廷と幕府のパイプ役である関東申次《かんとうもうしつぎ》を代々務めていた（以下、西園寺氏については森茂暁　一九九一による）。関東申次であること、また娘を天皇に嫁がせ、生まれた子が天皇（後深草・亀山・光厳。西園寺氏庶流の洞院《とういん》家の娘を母に持つのは伏見・後宇多・花園）となり、天皇の外戚《がいせき》になったことにより朝廷で権勢を振るっていた。

関東申次は、西園寺公経の子実氏《さねうじ》が幕府の指名により就任して以来、西園寺氏嫡流の世襲職となり幕府滅亡まで続いた。公宗は幕府滅亡時に関東申次を務めていた。事件当時は二十六歳で、正二位権大納言、中宮大夫、兵部卿《ひょうぶきょう》であった。

この事件（以下、「公宗陰謀事件」と呼ぶ）を、『太平記』によって見てみよう。西園寺公宗は、西園寺家が鎌倉幕府と懇意にしてきた一族であったため、再び北条氏に天下を取らせて自らも権力を握ろうと、鎌倉を落ち延びていた北条高時の弟泰家を還俗させて刑部少輔時興《ぎょうぶのしょうときおき》と名乗らせて匿《かくま》っていた（煩雑となるため以降も泰家と記す）。

この泰家を京都の大将、北条時行を関東の大将、名越時兼を北国《ほっこく》（北陸道の諸国。若狭・越前《えちぜん》・加賀《かが》・能登《のと》・越中・越後・佐渡の七ヵ国）の大将にして蜂起する計画を立てた。手始めに、紅葉鑑賞を口実に後醍醐天皇を北山殿（西園寺家別邸、現在の金閣寺〔京都府京都市北区〕付近）に招き寄せて暗殺しようとしたところ、公宗の弟西園寺公重《きんしげ》から密告があり、陰謀は発覚した。西園寺公宗と西園寺家の家司《けいし》（家政をつかさどる職）三善文衡が捕らえられ、橋本中将季経《すえつね》は逃亡した。捕まった者の中に北条泰家の名は挙がっていない。

以上が『太平記』による公宗陰謀事件の概要である。

公宗陰謀事件の検討

公宗陰謀事件については『太平記』以外にも史料がある。小槻匡遠《おづきただとお》が記した『小槻匡遠記』である。小槻氏は官務（太政官の事務機関である弁官局を統轄する左大史〔左弁官の一等官〕）を代々務める実務官僚の一族であった。『修五大成《しゅうごたいせい》　下』建武二年六月二十五日条にも記事が載っている。

以下、『小槻匡遠記』・『修五大成　下』によって公宗陰謀事件を時系列で追ってみたい。

建武二年六月十七日、武士が持明院殿（四月二十六日条に、「法皇・新院両御方の御所なり」とあり、後伏見法皇や光厳上皇が住んでいた）に集まり、上皇たちを京極殿に移した（同月十九日条）。

二十二日、「太上天皇」を奉じて謀叛を企てたため、西園寺公宗、日野資名《すけな》・氏光《うじみつ》父子らが捕らえられた。建仁寺（京都府京都市東山区）の前でも、楠木正成や高師直《こうのもろなお》によって陰謀の輩《やから》が捕縛され、他の場所でも多くの人が捕らえられたという。

二十五日、公宗陰謀事件の発覚を受けて、後醍醐のいる禁裏で天下静謐のための祈禱が行われた。

二十六日、事件関係者の罪状を調べるよう宣旨がくだった。

二十七日には流罪に処せられる人の名を挙げた宣旨が出された。具体的に誰がどこに流罪になったのかは不明である。

『小槻匡遠記』同月二十六日条に載る宣旨から、この事件の関係者が判明する。宣旨には、謀叛を企てた者として、西園寺公宗・藤原俊季・日野氏光・三善文衡・中原清景の名が挙がる。また、日野資名は、子息氏光の陰謀に協力し、陰謀を知らせなかったために罪に問われている。

関与した者について記そう。西園寺公宗については前述した。

藤原俊季は「左近衛権中将」とある。『太平記』には公宗と共謀した「橋本中将季経」が逃亡したとあるが、古態を残すとされる神宮徴古館本『太平記』では「橋本中将俊季《としすえ》」という人物が公宗と共謀している。『太平記』の季経は、『尊卑分脈』に西園寺公相《きんすけ》の孫としてその名がみえる左中将季経のことであろう。また『公卿補任』正慶二年（元弘三、一三三三）条に、元弘三年十一月に左中将を去った西園寺公相の孫の俊季がいる。俊季と季経はおそらく同一人物であろう。俊季の官職は、『公卿補任』に従えば「前左中将」となるべきではあるが、『小槻匡遠記』にみえる俊季はこの人のことと考えられる。

日野氏光は日野資名の子。姉妹の名子《めいし》が公宗の妻となっている。氏光は春宮権大進《とうぐうのごんのだいじょう》、左衛門権佐を務め、「中先代陰謀の時、公宗卿の命により院宣を書く、よって元弘三（筆者註：建武二の誤り）年八月二日誅されおわんぬ」という（『尊卑分脈《そんぴぶんみゃく》』）。

三善文衡は西園寺家の家司。中原清景は不明。

日野資名は、氏光・名子の父。資名は光厳の乳父《めのと》であった（『公秀公記《きんひでこうき》』元徳元年〔一三二九〕十二月二十八日条、岩佐　二〇〇七）。元徳二年（一三三〇）に正二位となり、正慶元年には権大納言に就任している（『公卿補任』）。正慶二年五月の六波羅探題陥落に際し、後伏見上皇・花園上皇・光厳天皇に供奉し近江蓮華寺まで同行した（『増鏡』）。蓮華寺では六波羅探題北方普恩寺仲時以下四百三十余人の自害の場に直面し出家している。今回の事件で実際に罪に問われたかは不明である。

後のことになるが、足利尊氏が建武政権から離反し持明院統の天皇を擁立しようとした際、資名の弟である醍醐寺三宝院の僧の賢俊《けんしゅん》が、尊氏に光厳上皇の院宣を取り次いでいる（『梅松論』）。資名は延元三年（暦応元、一三三八）五月、五十四歳で没した。

公宗陰謀事件には、公宗の親戚や家臣が加わっている様子がうかがえる。『小槻匡遠記』からは、『太平記』に登場する北条泰家の名は確認できない。

「太上天皇」は誰か？

次に、公宗らが仰せを奉じた「太上天皇」とは誰のことだろうか。

この当時、「太上天皇」はいずれも持明院統の後伏見・花園・光厳の三上皇がいた。そのうち後伏見のみが出家していた（出家した上皇のことを法皇〔太上法皇〕という）。

従来の研究では、「太上天皇」は後伏見法皇を指すとされていた（佐藤進一　二〇〇五など）。近年でも深津睦夫氏は、「太上天皇」を後伏見と推定する（深津　二〇一四）。

これに対し、家永遵嗣《じゅんじ》氏は「太上天皇」を光厳上皇とする（家永　二〇一六）。その理由として、後伏見は失意から鎌倉幕府滅亡の約一ヵ月後の元弘三年六月二十六日に出家していること（『皇年代略記』）、公宗陰謀事件の発覚直前である建武二年（一三三五）五月に、のちに自分の後継者として推す直仁《なおひと》親王（花園上皇の子とされているが実は光厳の子）の誕生を告げる春日社の神託を得て、光厳が神慮に勇気づけられたと推測されることを挙げている。
筆者は「太上天皇」を後伏見法皇とみていたが（鈴木由美　二〇〇七など）、家永氏の論考に接し、「太上天皇」は光厳上皇とすべきであると今は考えている。後伏見は出家後の表だった活動は確認できない。一方の光厳は、のちに建武政権から離反した足利尊氏に院宣を与えたことからもわかるように、持明院統に皇統を戻す強い意志を持つ人物だったと考えられる。

思うに光厳は、持明院統の存続に執念を燃やし、中先代の乱で失敗したからこそ、足利尊氏に賭けたのではないか。西園寺公宗と同じように、足利尊氏とも手を組んだのではないだろうか。ある意味、光厳は「持明院統の後醍醐」ともいうべき存在なのかもしれない。

後醍醐の持明院統懐柔策

建武政権成立後の元弘三年（一三三三）十二月七日、後醍醐天皇は後伏見法皇の皇女珣《じゅん》子内親王《しないしんのう》（光厳天皇の同母姉、二十三歳。母は公宗の叔母の広義門院西園寺寧子《ねいし》）を中宮に迎えた（『女院小伝』）。珣子内親王の立后の三日後、光厳に「太上天皇」の尊号が贈られた（『皇年代私記』）。さらに同月、後醍醐と後京極院（西園寺禧子《きし》。公宗の祖父公衡の妹）の間に生まれた皇女懽子《かんし》内親王（十九歳）が光厳の後宮に入っている（『女院小伝』）。後醍醐からすると、自分は天皇位を降りていないのだから、光厳が天皇になったという事実は認められない。天皇になっていなければ太上天皇（上皇）にはなれないのだが、そこでこの時の詔書（天皇の命令書）では、光厳を皇太子と称して人柄を誉め、そのような光厳が皇太子を降りたので、先例はないものの特別に崇敬の思いで太上天皇の尊号を差し上げる、とある（『皇年代略記』）。

これらの動きは、後醍醐の持明院統懐柔策と考えられている（三浦　二〇一二）。

公宗と泰家らの連携はあったのか

公宗陰謀事件で、西園寺公宗と北条泰家らは共謀していたのだろうか。

橋本芳和氏は、公宗と泰家の連携については『太平記』だけしか史料がないことなどを理由に、公宗と泰家の連携はもとより、公宗の陰謀の存在自体を否定する（橋本芳和　二〇〇八）。そもそも泰家は匿ってもらうことで身の安全をはかりたかっただけであり、公宗も後醍醐に無実の罪を着せられたもので、陰謀事件そのものが存在しないとするのである。

だが筆者は、西園寺公宗と北条泰家・時行らは連携していたと考えている（鈴木由美　二〇〇七など)。

確かに橋本氏の指摘する通り、公宗と泰家・時行らが手を組んでいたことを直接示すのは『太平記』のみである。しかし周囲の状況を考えると、橋本氏の説は成立しないと考える。

公宗の陰謀は存在しないという説を検討するために、まず、建武政権での西園寺公宗の処遇をみてみたい。鎌倉幕府滅亡の時点で公宗は正二位権大納言であったが、幕府滅亡後の六月十二日に職を辞している(以下、官職歴は『公卿補任』による)。

公宗は八月十五日に権大納言に復し、同年十一月には中宮に関する諸事を扱う職の長官である中宮大夫《ちゅうぐうのだいぶ》を兼ね、中宮権大夫には西園寺氏庶流の今出川実尹《いまでがわさねただ》が就任した。十二月には前述の通り珣子内親王が後醍醐の中宮になっている。珣子内親王立后が後醍醐の持明院統懐柔策とみられることは先に述べた。後醍醐は珣子内親王の立后によって西園寺氏の懐柔にも努めたのであろう。

珣子内親王の出産に際し、建武二年(一三三五)二~三月に行われた祈禱は、後醍醐と珣子内親王の親族の光厳上皇や公宗などが中心となって費用を負担している(三浦 二〇一二)。

公宗は、建武二年四月七日に兵部卿(諸国の軍事をつかさどる兵部省の長官)も兼ねている。ちなみに建武政権期の兵部卿の前任者には、護良親王と、左大臣と内覧《ないらん》(関白に準じる職で、天皇に奏上するべき文書を先に内見する）を務めた二条道平《みちひら》がいる。以上のことから、あからさまに後醍醐が公宗を冷遇していた様子はうかがえない。

誅された公宗・氏光

次に、公宗陰謀事件で捕らわれた西園寺公宗と日野氏光が、建武二年八月二日に誅されていることについて考えたい。

公宗は、律《りつ》（刑罰法典）において刑の減免を受けられる六議《りくぎ》のうちの二つ（議親《ぎしん》〔天皇・皇后の親族〕、議貴《ぎき》〔三位以上の貴族〕）に該当している。そのため本来であれば死刑にはならない立場であるにもかかわらず、命令を受けた者（『太平記』では名和長年）が誤って殺してしまったという（『神皇正統記』）。

佐藤進一氏は、死罪を免ぜられる条件に該当している公宗ではあるが、陰謀を企てたことで反乱が起こったため、流罪では済まないと考えられて、間違ったということにして斬ったのではないかと推定している（佐藤進一　二〇〇五）。

建武元年三月の本間・渋谷氏の蜂起を受けて、出家して降伏していた北条高時の猶子阿蘇治時以下が処刑されたことは第1章で述べた。また建武元年十月の紀伊の顕宝の挙兵後の十二月二十八日には、鎌倉幕府で要職に就いていたものの、賢才を惜しまれ建武政権の雑訴決断所にまで加わっていた二階堂道蘊《どううん》とその一族が処刑されている。彼らはいずれも北条与党の反乱を受けて処刑されたものであろう。

公宗・氏光が処刑されたのは建武二年八月二日で、このころには北条時行が挙兵し、鎌倉を占領したことも京に伝わっていた。時行の反乱を受けて、公宗らが処刑されたことが推測される。仮に公宗が冤罪なのであれば、わざわざ命まで奪う必要があるとは思えない。

また、公宗の妻日野名子の日記『竹むきが記』によれば、公宗没後数年経ってから（康永《こうえい》元年〔一三四二〕～同三年の間ごろ）、西園寺家ゆかりの霊鷲寺《りょうじゅじ》という寺にあった公宗の遺骨を、西園寺家代々の墓所に納めるか検討している。もし公宗が冤罪であったなら、もっと早い段階で代々の墓所に移していてもよいのではないだろうか。少なくとも名子は、公宗が謀叛を企てたと思っていたため、処刑された夫を西園寺家代々の墓所に祀ることを憚ったものであろう。

公宗の子息実俊

すでに見たように、六月十七日には持明院統の上皇を京極殿に移し、二十五日には公宗の陰謀の発覚を受けて天下静謐のための祈禱が行われていることを考えると、京の情勢は緊迫していたと推測される。

公宗を密告したのは弟の公重だと記すのは『太平記』のみである。だが、公宗陰謀事件での罪人が流罪に処されるという宣下が出た後の六月二十七日に、公重は後醍醐より西園寺家の家門（家督）を安堵されているため（同日付後醍醐天皇綸旨、吉田文書）、実際に公重が密告した可能性はある。公重はこののち北朝からも家門を安堵されたが、公宗の処刑後に生まれた子の実俊《さねとし》（『太平記』）が成長したら返還するという条件付きであった。

公宗の子実俊は北朝に仕え、朝廷と幕府の交渉の窓口役の武家執奏に就任した（森茂暁二〇〇八b）。武家執奏は鎌倉時代に西園寺家が代々務めてきた関東申次の後継にあたる職である。これは公宗が結果として命を落とした公宗陰謀事件に対する北朝からの恩賞と考えられる。北朝では、西園寺の家門は安堵されていても公重は武家執奏には任命されず、公武交渉にも関わった様子がない。公重は最終的に南朝に仕えている。

前述したように、この公宗陰謀事件の黒幕《フィクサー》はおそらく光厳であり、公宗は北朝にとって「大忠臣」であったと考えるほうが現実的であろう。北朝は公宗を公然と復権させることはせずに、公宗の子実俊を武家執奏に任ずることで、公宗の忠義に報いたのである。

以上、ここまでの検討から、公宗の陰謀は確かに存在し、公宗陰謀事件が後醍醐による冤罪という見解は成立しないと考える。

連携説の根拠

次に、西園寺公宗が北条泰家・時行らと手を組んでいたのかという点を検討する。

筆者は、西園寺公宗と北条泰家・時行らは連携していたと推測する。彼らの目的は、建武政権を滅ぼして鎌倉幕府を再興し、持明院統に皇位を戻すことにあったと考える。

彼らが連携していたと考える理由は、主に以下の三点である。

・西園寺公宗の処刑が北条時行の鎌倉占領を受けて行われたと考えられる。
・鎌倉を占領した時行方の「正慶」年号の使用から持明院統との連携が想定される（後述）。
・公宗陰謀事件発覚直後に北条時行が挙兵し、『太平記』で名越時兼が大将とされた北国でも八月に争乱が起きている。

筆者は、時行は鎌倉幕府滅亡時には元服前であり、中先代の乱での挙兵までの間に元服したと推定する。

後醍醐天皇が新田義貞の子徳寿丸に「尤《もっと》も義貞が家を興すべき者なり」として元服させて「義興《よしおき》」の名前を与えたように（『太平記』）、元服した時行に北条氏の通字の「時」と「行」を組み合わせた名前を与えたのは、西園寺公宗が奉じた「太上天皇」、つまり光厳上皇だった可能性もあろう（時行に名前を与えたのは後伏見法皇と推定していたが〔鈴木由美　二〇一六〕、光厳上皇に訂正する）。

また、建武二年四月の北条一族の高安の事件を記す『五大虚空蔵法記』を紹介した坂口太郎氏は、西園寺公宗と北条泰家が共謀していた件に関して、泰家の動きは『太平記』以外の同時代史料には見えないが、北条一族である高安が京で起こしたこの事件を考慮に入れると公宗と泰家の共謀の信憑性が増す、とする（坂口　二〇一一）。高安の事件が、公宗陰謀事件の前哨戦であったとも考えられよう。

2　北条時行の挙兵

信濃の情勢

北条時行挙兵の地、信濃に目を転じよう。公宗陰謀事件が起こる以前から、信濃でも他の諸国と同様に建武政権に対する反乱が起こっていた。

信濃は北条氏の勢力が強いところであった（湯本　一九八六）。信濃には建武二年（一三三五）二月に散在する朝敵人を討伐せよとの綸旨が出され、信濃の武士市河助房が軍勢催促を受けている（同月五日付平長胤軍勢催促状、本間美術館所蔵市河文書）。すでにこのころ信濃国内で不穏な動きが起こっていたこと、それを朝廷が把握していたことがわかる。

軍勢催促を受けた市河助房の甥市河助保は同月二十九日に信濃守護小笠原貞宗《おがさわらさだむね》のいる信濃守護所（船山《ふなやま》郷、長野県千曲市）に到着する。市河助房らは、翌月三月八日に越後との境に近い常岩《とこいわ》北条（同飯山市）の城を攻め落としている。ここには常岩弥六宗家が拠っていたとされる（信濃教育会　一九七七）。常岩宗家が北条氏被官であったかは不明である。

また、府中（同松本市）でも騒動があり、三月十六日に小笠原貞宗が反乱鎮圧に向かっている。これは在庁官人（国司が政務を行う役所〔国衙《こくが》〕で実務にあたる役人）の深志介が反乱を起こしたのではないかと言われている（小林計一郎　一九八七、中島　一九九六）。「深志」とは、中世の長野県松本市の呼び名である。鎌倉時代に信濃守護であった北条氏が国衙を利用して信濃を支配したため、北条氏と在庁官人は密接な関係となっていた。今回の騒動の中心も北条氏とつながっていた国衙関係者であろうと推定されている。

同年五月十六日には、市河助房らが小笠原貞宗の軍に参じている。貞宗が軍勢を集めなければならないような状況が継続していたのであろう。

諏訪頼重というキーマン

このように、信濃の情勢は不穏なものであった。そんな中の建武二年六月には、信濃国司の書博士《しょはかせ》（官吏養成機関である大学寮の書道の教官。位は従七位上相当）清原真人《まひと》が信濃に下向した（吉井　一九九三c）。清原真人の実名は不詳である（「真人」は名前ではなく姓《かばね》で、天武天皇の時代〔六八四年〕に制定された八色《やくさ》の姓のうちの一つ）。

吉井功兒氏は、平安末期の局務《きょくむ》（外記のトップの大外記《だいげき》と少納言を兼ねた者をいう。中原・清原両氏の世襲となっていた）清原頼業《よりなり》の子仲隆、仲隆の子仲宣が書博士を世襲していることから、信濃国司清原真人は仲隆・仲宣の子孫ではないかとする（吉井　一九九三c）。そして、清原真人の信濃下向と前後して、北条時行を奉じ諏訪頼重《よりしげ》・時継《ときつぐ》らが挙兵する。時行はこの時推定年齢七歳であった。

諏訪頼重は、現在も長野県にある諏訪大社上社（同県諏訪市・茅野《ちの》市）の大祝《おおはふり》（神官のトップ）であり、子の時継も大祝を務めた。当時、現職の大祝は、建武二年二月に代替わりした時継の子で七歳の頼継であった（『大祝職位事書』）。

諏訪大社上社前宮本殿

諏訪大社は建御名方神《たけみなかたのかみ》を祀り、東国の軍神《いくさがみ》として著名であった（矢崎　一九八六）。承久の乱では、当時の大祝の長男諏訪信重が大将として出陣している。

後に諏訪氏は北条得宗家に仕え、得宗被官となる。得宗被官の諏訪氏は大祝家の分家と推定されている（細川　二〇一一）。諏訪氏は、諏訪大社上社の大祝を務める名門であり、鎌倉幕府で権力を振るう北条の家臣でもあったことから権勢を強めていった（湯本　一九八六）。

また、諏訪氏を盟主にして、神という氏を名乗る「神党」と呼ばれる武士団もあった（湯本　一九八六）。中先代の乱で、信濃で挙兵した時行方の主戦力は、この神党に属する武士たちであった（諏訪氏、滋野氏、四宮氏、保科氏）。ただ神氏を名乗っていても建武政権方につく武士（市河氏）もいるので、神党が一致団結して時行に味方したわけではない。

挙兵の時期

時行は、第1章で紹介した『太平記』にあるように、鎌倉幕府滅亡時に北条泰家が諏訪盛高に命じた通りに諏訪氏を頼って信濃に落ち延び、庇護されていたのであろう。挙兵にいたるまで、時行の存在が建武政権側に把握されていた様子はうかがえない。

時行らが挙兵したのはいつか。『梅松論』では、時行の挙兵は建武二年七月初めに「信州において諏訪の神官祝（諏訪）、安芸守時継父、三河入道照雲（諏訪頼重）、渋谷の一族等、高時の次男、勝寿丸を相模次郎と号して、国中をなびかす」と記している。

また、『保暦間記』にも、「建武二年七月に、高時の息勝長寿丸相模二郎時行と号す、信濃国の勢を語りて鎌倉へ攻め上る」とある。先行研究でも時行の挙兵を七月とするものがほとんどである（佐藤進一　二〇〇五など）。

一方、『瑠璃山年録残編《るりさんねんろくざんぺん》』元弘四年条裏書には「六月先代起こる、同七月六日、左馬高（筆者註：「頭」の誤りか）殿鎌倉を落ち給う」とある。

この記事は元弘四年条に載っているが、内容から建武二年の中先代の乱のことを指している。『大日本史料』建武二年七月十四日条ではこの記事を引用して、ここでは北条時行の挙兵を六月にしているが、本書の月日は、時折伝聞の誤りがあるためしばらくここに収める、としている。

この他にも、時行の挙兵が六月だと考えられる史料がある。等覚院日全《とうがくいんにちぜん》という日蓮宗の僧が著した『法華問答正義抄《ほっけもんどうしょうぎしょう》』第九巻の奥書（メモ書き）である。そこには、建武二年の「六月二十三日、スハノハウリ三馬殿を打ち落としおわんぬ」とある。続けて七月二十二日には、足利殿が日本国の政所を賜って関東に発向し、八月十八日に鎌倉に入った、と書かれている。

『法華問答正義抄』は正慶（一三三二・三三）から康永年間（一三四二～四五）にかけて書かれ、日全自筆のものは現存しない（以下、大黒 二〇〇六による）。明応七年（一四九八）に書写されて中山法華経寺（千葉県市川市）に伝来していた明応本が、昭和十九年（一九四四）の火災で焼失してしまい、明応本を昭和六年から七年にかけて斉藤要輪氏が書写した写本が立正大学図書館に架蔵されている。『法華問答正義抄』第九巻で現存するのは、斉藤氏の書写本のみである。

識語にみえる「スハノハウリ」は「諏訪の祝《はふり》」のことで、諏訪大社上社大祝であった諏訪

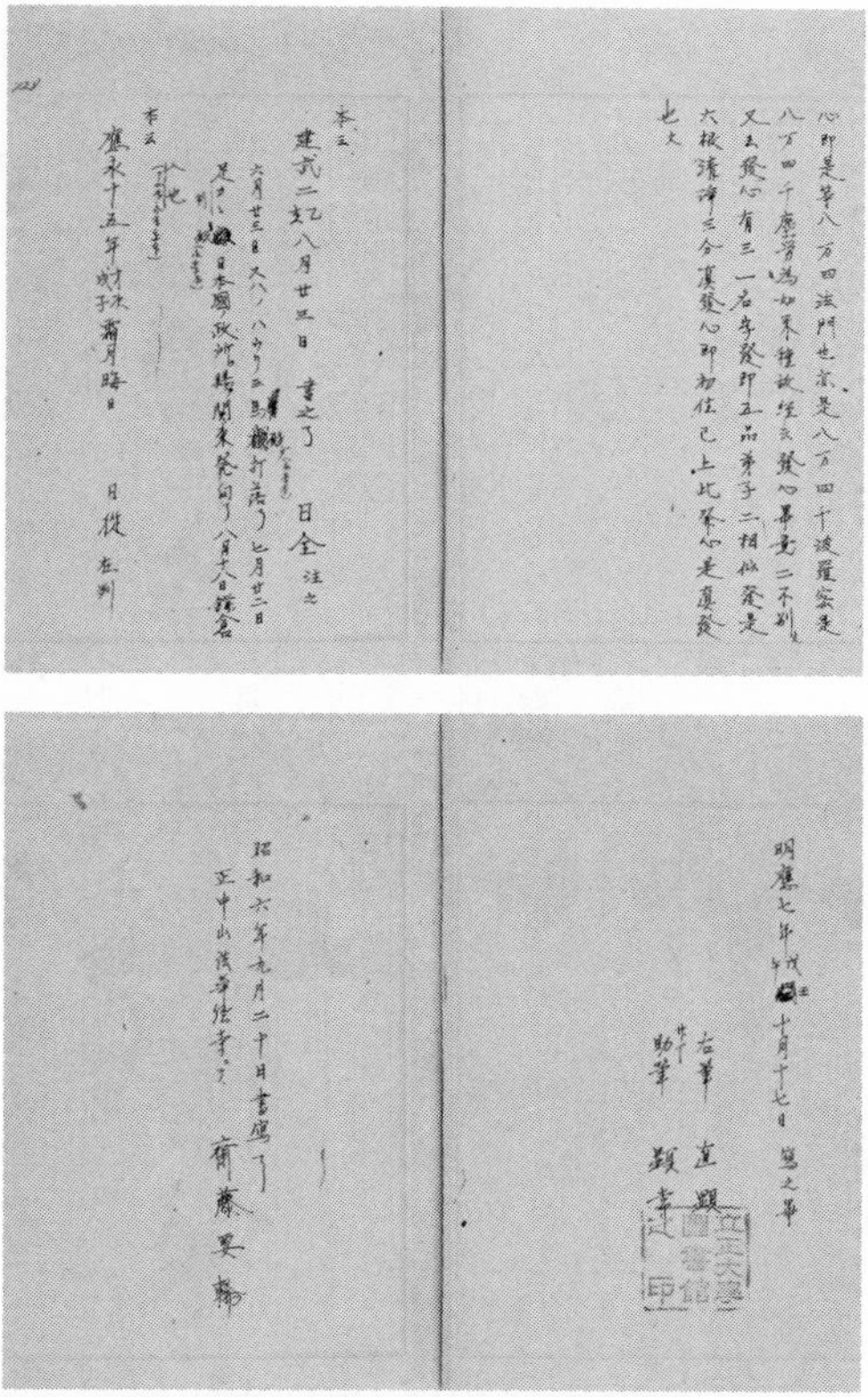

『法華問答正義抄』（第9巻の奥書。立正大学図書館蔵）

頼重もしくは時継を指すと考えられる。「三馬殿」は諏訪頼重または時継と敵対する人間であろう。「三馬殿」が「左馬殿」の誤りで左馬頭《さまのかみ》兼相模守であった足利直義（『足利家官位記』）を指す可能性が考えられる。

この史料は、諏訪氏が建武二年六月に起こした軍事活動のことを記している。日全は伝聞情報を記しただろうから、日時のずれがあったり勘違いしている可能性はもちろんある（七月二十二日の記事は、八月二日の足利尊氏の鎌倉下向のことであろうか）。だが、中先代の乱の諏訪氏ひいては北条時行の挙兵が、七月ではなく、六月であった可能性を示すものでもあろう。仮に時行の挙兵が『法華問答正義抄』第九巻の奥書に従い六月二十三日以前であったとすると、前節で述べた公宗陰謀事件の発覚を受けて挙兵したわけではないことになる。

小笠原貞宗との衝突

時行方と信濃守護小笠原貞宗方が衝突したのは、七月十四日である（建武二年七月　日付市河助房等着到状、本間美術館所蔵市河文書）。守護方は前日の十三日の時点ですでに軍勢を集めていたから、少なくともこれ以前に時行方は蜂起していたことがわかる。

建武二年七月　日付市河助房等着到状・建武二年八月　日付市河親宗軍忠状（本間美術館

所蔵市河文書）から経過を追ってみると、反乱を起こしたのは時行、諏訪頼重・時継と滋野一族であった。

まず七月十四日に、保科弥三郎・四宮左衛門太郎が信濃守護所の船山郷青沼に攻め寄せた。だが前日に守護方に馳せ参じていた市河氏らの軍勢により、保科・四宮勢は敗れた。その後、八幡《やわた》河原（長野県千曲市）・篠井《しののい》河原（同長野市）・四宮《しのみや》河原（同）と時行方と守護方との合戦が続いた。

十五日には八幡河原・福井河原（同千曲市）・村上河原（同埴科郡坂城町《はにしなぐんさかきまち》）で合戦があり、時行方と守護方の軍勢は二十二日まで戦い続けた。

しかし、信濃守護を襲った軍と時行のいた本軍は別行動をとっていた。どこから別行動になったのかは不明である。信濃守護方と戦った部隊が執拗に戦い続けたのは、守護方の軍勢を引き付けておくための陽動作戦であった可能性もある。

時行が挙兵した当初、小笠原貞宗からの一報を受けた建武政権側は、時行が木曾路を通って尾張黒田（愛知県一宮市）に向かうと思っていた（『梅松論』）。実際に時行が目指していたのは、足利直義が成良親王を奉じる鎌倉将軍府がある鎌倉であった。

北条時行の挙兵から鎌倉入りまでの動き

月	日	出来事	典拠史料
6	?	信濃国司下向。	建武2年6月　日付市河助房・同経助着到状（本間美術館所蔵市河文書）
6	23	諏訪の祝、「三馬殿」と戦い勝利する（北条時行挙兵？）。	『法華問答正義抄』第9巻奥書
7	13	市河助房ら、信濃守護小笠原貞宗のもとに到着。	建武2年7月　日付市河助房等着到状・建武2年8月　日付市河親宗軍忠状（本間美術館所蔵市河文書）
7	14	小笠原貞宗、時行方保科弥三郎らと船山郷青沼、八幡河原・篠井河原・四宮河原で合戦。	同上
7	15	小笠原貞宗、時行方と八幡河原・福井河原・村上河原で合戦。22日まで戦い続ける。	同上
?	?	諏訪頼重ら、信濃国司を攻める。信濃国司自害。	金勝院本『太平記』
7	18	諏訪頼重ら、上野に侵攻。	同上
?	?	岩松四郎、上野蕪川（鏑川）で時行方に敗戦。	『太平記』
?	?	渋川義季、武蔵久米川で時行方と合戦。その後、義季女影原へ向かう。	金勝院本『太平記』
?	?	岩松経家・渋川義季、時行方と武蔵女影原で戦い、岩松・渋川は敗れて自害。	『梅松論』
?	?	今川範満、時行方と武蔵小手指原で戦い、討死。	『難太平記』
?	?	小山秀朝、時行方と武蔵国府で戦い、秀朝は敗れて自害。	『梅松論』、『元弘日記裏書』
7	22	足利直義、鎌倉を出て武蔵井出沢で時行方と戦う。	『梅松論』

7	23	足利直義、鎌倉を出る。	『華厳経演義鈔見聞集』奥書
?	?	大江時古、成良親王と帰京。	『元弘日記裏書』
7	24	時行方、佐竹貞義と武蔵鶴見で戦う。佐竹義直討死。	建武3年9月28日付足利尊氏感状案写（東京大学史料編纂所所蔵安得虎子五）
7	24	時行、鎌倉へ入る。	『華厳経演義鈔見聞集』奥書

鎌倉占領の道程

時行が挙兵してから鎌倉に入るまでの動きを、表によって確認してみる。時行挙兵から上野侵攻までの経路は、史料からはうかがえない。

金勝院本『太平記』によると、時行を擁した諏訪頼重は、信濃国司を攻めて自害に追い込み、七月十八日に上野（群馬県）に侵攻したという。信濃国司は六月に赴任した清原真人であろう（吉井　一九九三c、鈴木由美　二〇〇七）。

軍記物語である金勝院本『太平記』は慎重に取り扱う必要があるものの、これによれば時行の本軍は挙兵した後に信濃国司の軍勢を破り、七月十八日に上野に侵攻したことになる。

金勝院本『太平記』の記述を検討するため、時行がいた本軍の行動を『梅松論』で確認すると、日時は不明だが、岩松経家と渋川義《しぶかわよし》季《すえ》が、時行方と武蔵女影原《おなかげがはら》（埼玉県日高市）で戦い、岩松・渋川は敗れて自害している。

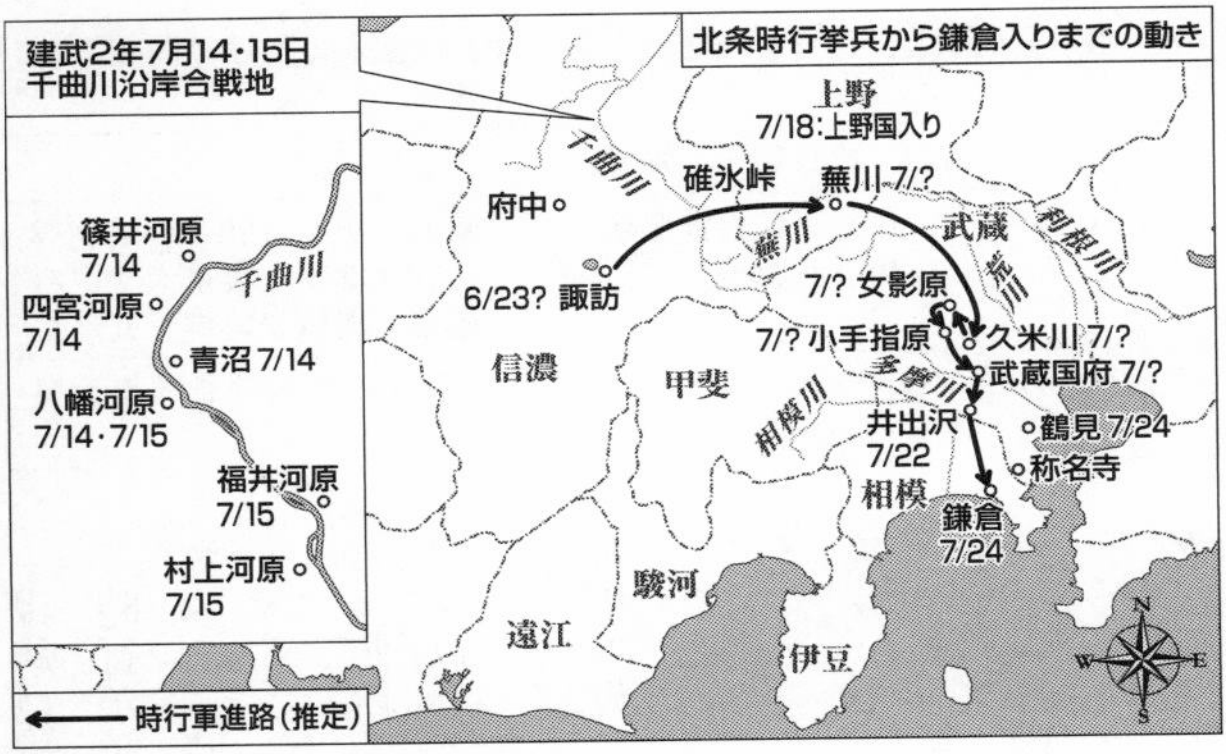

次に武蔵国府（東京都府中市）で合戦となって、下野の武士小山秀朝《おやまひでとも》が自害し、彼らの敗報を聞いた足利直義が七月二十二日に武蔵井出沢（東京都町田市）で時行軍と戦うが、直義は敗れて成良親王を連れ東海道を西へ向かう。

時行軍が岩松・渋川と武蔵女影原で戦った日は、直義が鎌倉を出立した七月二十二日以前（『尊卑分脈』・天正本『太平記』には七月二十二日とある）となるから、時行の武蔵侵入も二十二日以前となる。

時行の上野入りを十八日とする金勝院本『太平記』の記述と整合性が取れていよう。これが正しければ、時行方は上野から鎌倉まで、六日間ほどで進軍したことになる。

時行の軍には、信濃の諏訪・滋野氏の他にも三浦時継・時明などが馳せ参じ、『太平記』によれば、その勢大名五十余人、五万余騎もの大軍になったという。軍勢の数には軍記物語の誇張があるにせよ、新田義貞の鎌倉攻めの時と同様に時行軍が短期間で上野から鎌倉まで攻め込んだのは事実として良いであろう。

これは関東で北条氏を支持する勢力が強かったことに加えて、建武政権に不満を持つ武士が多くいたことを示すと考えられる（佐藤和彦　一九七四）。

鎌倉街道を進む

時行方は、武蔵小手指原など新田義貞の鎌倉攻めの時にも合戦があった場所で戦っているので、義貞と同じく、鎌倉街道（地方から鎌倉へ向かう中世の古道。上ノ道・中ノ道・下ノ道がある）上ノ道を進軍したものと考えられる。

上野に入ってからの時行軍の本隊の動きは、諸史料から推定すると、上野蕪川《かぶらがわ》（鏑川）で岩松経家の兄の四郎と合戦→武蔵久米川で渋川義季と合戦→武蔵女影原で合戦、岩松経家と渋川義季が自害→小手指原で合戦、今川範満討死→武蔵国府で合戦、下野の武士小山秀朝が自害→七月二十二日に武蔵井出沢で鎌倉から出陣した足利直義と合戦→七月二十四日に鎌倉へ入る、となる。

岩松四郎と合戦となった蕪川（鏑川）は、群馬県甘楽郡下仁田町《かんらぐんしもにたまち》から高崎市を流れ、高崎市南部で烏川《からすがわ》（利根川の支流）に合流する。『太平記』の諸本では蕪川を利根川とするものもあるが、時行方の進軍経路から考えて利根川より蕪川のほうが妥当であるという安井久善氏の説に従い、蕪川を採る（安井　一九八一）。

また、武蔵久米川で渋川義季と合戦してから、武蔵女影原で合戦という流れであると、鎌倉への進軍経路を逆走している形になる。金勝院本『太平記』の記述が誤りである可能性もあるが、久米川で敗れた渋川義季が、軍勢を立て直すために渋川氏の名字の地上野渋川荘（群馬県渋川市）を目指したものの、背後を襲われることを恐れた時行軍の追撃に遭って女影原で再び合戦となった、という可能性も考えられる。ここでは金勝院本『太平記』に従っておく。

七月二十四日の武蔵鶴見（神奈川県横浜市鶴見区）での時行方と足利方の佐竹貞義らとの合戦は、時行軍の本隊ではなく、時行に与同《よどう》する鎌倉近辺にいた勢力ではないかと推測されている（横浜市歴史博物館編集　二〇〇七）。

こうして鎌倉に攻め込んだ時行の反乱は、当時の人に「大乱」と認識されていた。鎌倉幕府に仕え、鎌倉幕府滅亡後は室町幕府の奉行人として活動した諏訪円忠《えんちゅう》（得宗被官の諏訪氏の分家出身）が著した『諏訪大明神絵詞《だいみょうじんえことば》』にも、「建武二年八月大乱の後、大祝頼継は父祖一族朝敵になりて悉くほろびて後」とあり、『梅松論』にも、「信州より軍を発し、上野武蔵両国して度々の合戦にうちかち、鎌倉に攻入、結句海道へ討手をつかわす程の威勢の相模次郎」とある。

鎌倉将軍府側の体制

時行を迎え撃った鎌倉将軍府側は、どのような体制だったのだろうか。

中先代の乱の時には、渋川義季、岩松四郎・経家、小山秀朝、佐竹貞義・義直、足利直義が時行方と戦っているのが確認できる。

彼らの立場を見てみると、渋川義季は、足利氏庶流渋川氏の出身で、姉が足利直義の妻であったので、直義の義弟にあたる。また鎌倉将軍府の関東廂番一番頭人で、小侍所別当であった（『御的日記』建武二年正月七日条、湯山　二〇一一）。義季は、建武元年（一三三四）三月に北条与党の本間・渋谷氏が鎌倉に攻め込んだ際も大将として出陣している（『梅松論』）。

岩松氏はもともと足利氏の一族であったが、（巻頭「足利氏・新田氏略系図」参照）岩松氏の祖時兼《ときかね》が母方の新田氏で育てられたため、新田氏の一族とされていた。岩松経家は、新田義貞の鎌倉攻めに足利尊氏の命を受けて参加し、新田一族ではただ一人関東廂番に入っていた（山本　二〇〇五）。経家は関東廂番二番頭人、飛驒守護であった（元弘三年七月十九日付後醍醐天皇綸旨、集古文書一綸旨類横瀬家蔵）。

小山秀朝は下野守と下野守護を務めていた（佐藤進一　一九六七、吉井　一九九三a）。小山氏は、平将門《たいらのまさかど》を討伐した藤原秀郷の子孫の秀郷流藤原氏で、一族の棟梁（門葉の棟梁）と言われる名門の出身であった（『吾妻鏡』養和元年〔一一八一〕閏二月二十三日条）。また小山氏は、鎌倉時代に代々下野守護を務めていた（佐藤進一　一九七一b）。

七月二十四日の鶴見合戦で討死した佐竹義直は常陸守護佐竹貞義の子であった。佐竹貞義も義直とともに合戦に参加していたと考えられ、貞義の常陸守護在職は建武元年ごろからと推定されている（阪田　二〇一二）。

足利直義は「執権」と呼ばれる立場であり、左馬頭兼相模守であった。直義を相模守護とする見解もある（森茂暁　二〇一五）。

関東廂番

ここで、渋川義季や岩松経家が属した鎌倉将軍府の関東廂番について検討したい。関東廂番は、単なる廂番（将軍御所に交代で宿直し警護にあたる）の役割だけではなく、引付・内談（訴訟を審理する）の機能を持っていたと考えられているが（福田　一九八二）、吉井功兒氏は、それに加えて足利直義の親衛軍を兼ねる関東十ヵ国の軍事組織として機能していたとする（吉井　一九九三b）。

海津一朗氏は、関東廂番は鎌倉幕府滅亡後の関東の政治・軍事の担い手であったとする（海津　一九九六）。

松本一夫氏は、関東廂番が直義の親衛軍的側面を持つことは認め、中先代の乱で関東廂番ではない小山秀朝・佐竹貞義とその子義直が参戦したのは、直義が関東廂番に続いて守護を動員したためとする（松本　二〇〇一）。

これらの意見に対し阪田雄一氏は、岩松は飛騨守護、小山は下野守護、佐竹貞義は常陸守護であるため、渋川は相模守護直義の名代か国大将、もしくは渋川自身が相模守護であって相模守護として参戦したとし、鎌倉将軍府の軍事動員は、関東廂番ではなく守護・国大将が主体となっていたとする（阪田　二〇一二）。

筆者は、関東廂番は引付・軍事両方の機能を持っていて、関東廂番の頭人として渋川義季や岩松経家が反乱鎮圧のために派遣されたと考える。軍事活動の範囲が関東十ヵ国に及んだかまでは不明である。建武元年三月の本間・渋谷氏の反乱や、中先代の乱での渋川義季の活動を見ると、彼が鎌倉将軍府の軍事的主体であったことは認められよう。

もし鎌倉将軍府の軍事力が守護を中心に組織されたものであれば、鎌倉将軍府の管轄とされる関東十ヵ国の守護に動員をかけるのではないだろうか。飛驒守護の岩松経家が動員されることは考えがたい。

直義は、怒濤の勢いの時行軍を止めるために、関東廂番ではない小山秀朝や佐竹貞義に、守護であることを理由にして動員をかけた可能性もあろう。いずれにせよ、時行軍を撃退するために手近で援軍を依頼できるところには依頼して、反乱の鎮圧を図ったのではないだろうか。岩松は新田一族ではあるが父方の祖は足利氏で鎌倉幕府滅亡の功労者の一人であり、渋川は足利一族で直義の義理の弟、小山は坂東豪族の有力者である。彼らを出陣させたこと自体に直義の抱いていた危機感がうかがえる。

その三人が全員、敗北の末に自害したのであり、ことここにいたって直義は自ら出陣したが敗れて、鎌倉を放棄するのである。

ただ、これは建武政権・足利方の関東における本拠地、鎌倉が急襲されるという非常事態であるため、中先代の乱から平常時の鎌倉将軍府の軍制を検討することは難しいと考える。

新田義貞が鎌倉を攻めた際も、義貞と戦った軍勢が本来幕府の軍制を担う守護を中心に組織されていた様子は確認できない。それと同様の事態だったのではないだろうか。

小手指原の戦いで討死した足利氏の一族今川氏の今川範満《のりみつ》は、『難太平記』の著者今川了俊の伯父にあたる。範満は重病にもかかわらず、力革《ちからがわ》（馬に乗せた鞍と鐙《あぶみ》をつなぐ革）に両足をくりつけて出陣し、結局腿《もも》を切り落とされ、最期は自分の家臣に首を打たせたという（『難太平記』）。

範満としては、死に場所を求めて、自らの武名を挙げるためでもあっただろう。しかし別の見方をすれば、自分で馬に乗っていられないほどの重病人の出陣を止める余裕もないほど、直義方は追い詰められていたのである。

3　鎌倉占領

北条時行、鎌倉に入る

そして七月二十四日、時行は鎌倉に入った。後に金沢称名寺（神奈川県横浜市金沢区）の長老となる湛睿《たんえい》が、称名寺で『華厳経演義鈔見聞集』を講義した際に記した奥書には「しかのみならず七月二十三日、足利典厩《てんきゅう》直義朝臣、かねて彼の敵軍の責むるを恐れ、先ず此の柳営の館を退出す、同じく二十四日、先代一族その跡に還り入る」とある。

直義が鎌倉を出たのは『梅松論』は二十二日、『太平記』は二十六日とし、時行が鎌倉に入ったのは『鎌倉大日記』は七月二十五日、『保暦間記』は二十八日など諸説あるが、『華厳経演義鈔見聞集』の奥書は同時代史料のため、筆者は直義の鎌倉出立を七月二十三日、時行の鎌倉入りを二十四日と比定する。

足利一族の細川頼貞《よりさだ》は、時行が鎌倉に攻めてきた時、相模河村山（神奈川県足柄上郡山北《あしがらかみぐんやまきた》町《まち》）に湯治に行っていた（流布本『梅松論』、『尊卑分脈』）。頼貞は、湯治中に鎌倉が攻め落とされ、足利直義や成良親王も無事に鎌倉を出たことを息子顕氏《あきうじ》の使者から聞き、自分が敵中にありながら一つの功も挙げなかったことを恥じ、また生きていて皆に心配をかけるよりは、子孫に心置きなく合戦の軍忠をたててもらおうと自害したという。

建武元年から鎌倉に流されていた護良親王は、直義が鎌倉を出る際、直義の命によって殺されている。阪田雄一氏は、鎌倉に残した護良親王が時行方の手に渡った場合、征夷大将軍だった護良親王と執権であった北条氏の組み合わせ、つまり鎌倉幕府体制の再建を防ぐために直義は護良を殺したのであり、これは時行方の幕府再興運動に対する直義の最低限の抵抗であって建武政権側に立った行動であるとする（阪田　二〇一二）。

こうした見解に対し亀田俊和《としたか》氏は、西園寺公宗が持明院統の上皇を奉じようとしていたように、持明院統の皇族との連携を考えていた時行が仇敵の護良を担ぐ必要はなく、直義が護良を殺した理由は、単純に足手まといだったからではないか推定としている（亀田　二〇一六）。

筆者は、阪田氏の見解に首肯する。直義が護良を殺害したのは、護良と時行の連携を危惧したためであり、直義はこの時点では建武政権に反旗を翻すつもりはなかったと推測する。なお、護良殺害に足利尊氏の意思を反映するほどの時間的余裕はなく、直義の独断によるものであろう。

すでに確認したように、鎌倉幕府は、初代源頼朝から三代実朝までは源氏が将軍であったが、摂関家出身の将軍を二代挟み、六代宗尊親王から最後の九代守邦親王まで、持明院統の親王が将軍であった。つまり、このころには、将軍＝親王という図式が常識であった。

確かに亀田氏の指摘の通り、実際に護良と時行が手を組むかどうかは未知数である。もし時行が護良を担いだとしても、護良は自らが将軍になって北条氏を執権にするという、鎌倉幕府再興につながるようなプランを認めるとは考えにくい。

時行が鎌倉幕府を再興した場合は、持明院統の皇子を将軍に推戴するのが鎌倉時代中期からの常識であり、また西園寺公宗ラインで持明院統の上皇と連携していたとすれば、自然な行動である。

ただこの場合、直義がどう考えたかが重要である。直義にとっても幕府の将軍は親王であるのが常識であったろう。現に直義は(征夷大将軍には就任していないが)成良親王を奉じて「執権」として鎌倉にあったのだから。

直義は、護良と時行が手を組む可能性が少しでも考えられるのならば、護良を時行の手に渡すことはできないと考えたのではないか。

鎌倉にいたるまでに岩松経家や渋川義季、小山秀朝らを破った時行軍の強さは、実際に戦った直義自身がよくわかっていよう。護良と時行に手を組ませて鎌倉幕府の再興を遂げさせないよう、これ以上時行を有利にする要素を残さないために、直義は護良を殺害させたと考える。

三河を目指す直義

直義は、成良親王と鎌倉にいた尊氏の嫡子義詮を連れて東海道を西へ向かう。駿河手越河《てごし》原（静岡県静岡市駿河区）で伊豆・駿河の時行方と戦闘になるが、直義はやっと勝利し（『梅松論』）、鎌倉時代からの足利氏の分国である三河に到着した。

彼はそこにとどまり、成良親王は京へ向かった（『元弘日記裏書』）。直義は三河で兄尊氏との合流を待つこととなる。

第4章　激戦と鎮圧――中先代の乱②

1　「正慶四年」

結城盛広、時行に味方する

北条時行が鎌倉を占領したころ、信濃に残って戦い続けた時行方の滋野氏の拠る望月城（長野県佐久市）が、建武二年（一三三五）八月一日に信濃守護小笠原貞宗の軍に攻め落とされている（同年十月　日付市河倫房・同助保着到状、本間美術館所蔵市河文書）。

そして、陸奥でも結城盛広《もりひろ》が時行に味方して所領を没収された（建武二年八月九日付陸奥国国宣、伊勢結城神社所蔵白河結城文書、福島県白河市編集　二〇〇四）。

八月十三日には陸奥長倉城（福島県石川郡平田村）で合戦があり、その後さらに小平氏らが安達郡木幡山《こはたやま》（福島県二本松市・同伊達郡川俣町《かわまたまち》）で反抗を続けている。

鎌倉時代の陸奥には得宗家の所領が多かった。たとえば鎌倉幕府滅亡の日、時行の叔父泰家が時行を信濃に逃がした後、自分は「奥州の方《かた》」へ落ち延びる、と言っている。だが、泰家は前述のごとく、中先代の乱勃発のころには後醍醐政権のお膝下《ひざもと》というべき京都で西園寺公宗に匿われており、公宗の陰謀が発覚した後の泰家の足どりは、この時点では不明であった。

正慶年号の使用

時行の鎌倉占領期間中に、光厳天皇の代の年号「正慶」を使った文書が発給されている。一つは正慶四年（建武二）八月十二日付の北条時行奉行人等連署安堵状（相模明王院所蔵法華堂文書）である。

右大将家法華堂禅衆の清弁が申して来た相模国林郷大多和村内田在家の事について。ここは法華堂の寺領であるところ、秩序を乱す者がいるということだ。まったく正当な理由がないことである。すでに関東がおだやかに治まっている以上、もとのように支配しなさい。もし制止に従わない者がいる場合は、名簿を書き記して報告された者については処罰をせよということである。

正慶二（四）年八月十二日

宏元（花押）
貞宗（花押）
高泰（花押）

文書の内容は、源頼朝（右大将家）を祀った法華堂に所領を安堵するものである。花押を据えている三人が誰かはわからないが、時行方の人間であることは間違いない。

奥富敬之《おくとみたかゆき》氏は、この文書の見るべきところとして、①「正慶」年号を用いている、②この文書が得宗家公文所奉書《くもんじょほうしょ》（得宗家の家政機関である公文所の職員が得宗の意を奉じて連名で出す文書）の様式であるという二点を指摘する（奥富　一九八三）。

奥富氏は、この文書で正慶年号を使うことは、かつて後醍醐が「正慶」を使わず「元弘」を使い続けたことへの意趣返しであり、歴代得宗が用いた得宗家公文所奉書の形をとることによって、鎌倉を取り戻した時行の心情が表れているとしている。

細川重男氏も、この文書を得宗家公文所奉書に分類している（細川　二〇〇〇b）。細川氏

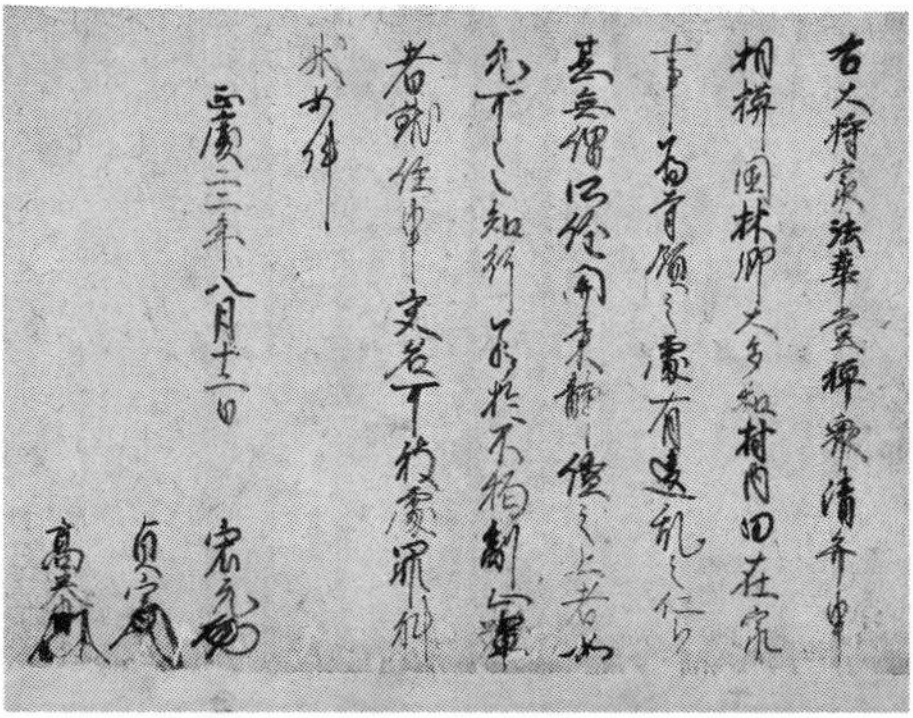

北条時行奉行人等連署安堵状（明王院蔵、鎌倉国宝館寄託）

によれば、得宗家公文所奉書の形式の特徴は、文書の末尾に書く書止文言が「仍執達如件」であることや宛所《あてどころ》（宛名）があることなどがある。

得宗家公文所が発給する文書には、他に得宗家公文所下知状《げちじょう》もある。得宗家公文所の複数職員が得宗の意を奉じて出す文書であることは得宗家公文所奉書と同じだが、書止文言が「下知如件」であるため「得宗家公文所下知状」と言われる。得宗家公文所下知状の形式の特徴は、事書《ことがき》（「〜の事」という表記で内容を簡潔に記した文章）があること、書止文言が「下知如件」であることなどが挙げられる（細川　二〇〇〇b）。

この北条時行奉行人等連署安堵状が「状如件」という書止文言を用いているのは何故だろうか。得宗家公文所奉書で「執達」し、得宗家公文所下知状で「下知」するのは得宗の意思である。「状如件」であると、宏元ら三人の意思を伝達していることになるのだが、宏元らではなくその上位の北条時行の意思を伝えていると考えるのが妥当であろう。

序章でも記したように、得宗とは将軍の「御後見」の「正統」であり、「北条氏得宗の鎌倉幕府支配の正統性は、得宗が義時以来の鎌倉将軍の「御後見」たることにある」という（細川　二〇〇七c、九五頁）。

推測となるが、この文書を発給した時点で将軍候補者も鎌倉におらず、鎌倉幕府は復活したといえる状況ではなかった。時行も得宗になったとはいえなかったため、「仍執達如件」ではなく「状如件」を使ったのではないだろうか。

中先代の乱での鎌倉占領期間中に「正慶」を使用した文書はもう一つ、正慶四年八月十五日付の三浦時明寄進状（相模鶴岡八幡宮文書）がある。

　寄進し申し上げる　鶴岡八幡宮
　　上総国市東郡《しとうぐん》内年貢の銭伍拾貫文の事
　右の趣旨は、天下の安穏泰平、自分自身の寿福長遠、息災康楽、子孫繁昌のために、寄進し申し上げることは以上の通りである。
　　正慶二（四）年八月十五日　　若狭守時明（花押）

若狭守時明が鶴岡八幡宮に上総国市東郡（千葉県市原市）内の年貢の銭五十貫文を寄進するという内容である。この若狭守時明は、先行研究では三浦時明とされているが（高柳一九五九、鈴木かほる　二〇〇七など）、他の史料（関東廂番定書写、足利尊氏関東下向宿次・合戦注文〔国立国会図書館所蔵康永四年延暦寺申状紙背文書《しはいもんじょ》〕）では、「若狭判官《ほうがん》（父祖が若狭守で自分自身は判官）時明」とある。鶴岡八幡宮に寄進をするのに虚偽の官途を書くとは考えにくい。若狭判官の三浦時明が若狭守に任官していたか、もしくは若狭判官時明と若狭守時明は同名の別人という可能性もある。なぜ官途が違うのかは不明だが、筆者は先行研究のとおり、この若狭守時明は三浦時明のことを指すと考えている。

正慶年号使用の意味

以上二点の文書での正慶年号の使用は、滅びた鎌倉幕府を支持し続けるという意思表示ともいえるだろう。

しかし、北条氏が一族再興を願う文書に「正慶」ではなく「建武」の年号を使用している例がある（建武元年〔一三三四〕四月一日付顕宝願文案）。第2章で紹介した、紀伊飯盛山で挙兵した北条氏の庶流金沢氏出身の顕宝の願文である。北条氏自身が「正慶」ではなく「建武」を使用しているところから考えるに、「正慶」年号の使用は、必ずしも滅びた鎌倉幕府の支持には直結しないのではないか。

ここで、正慶年号を使用した史料をもうひとつ検討したい（以下、鈴木由美　二〇一八bによる）。第3章でも触れた、金沢称名寺の湛睿の記した『華厳経演義鈔見聞集』の奥書である。中先代の乱と同時期に記された貴重な史料である。

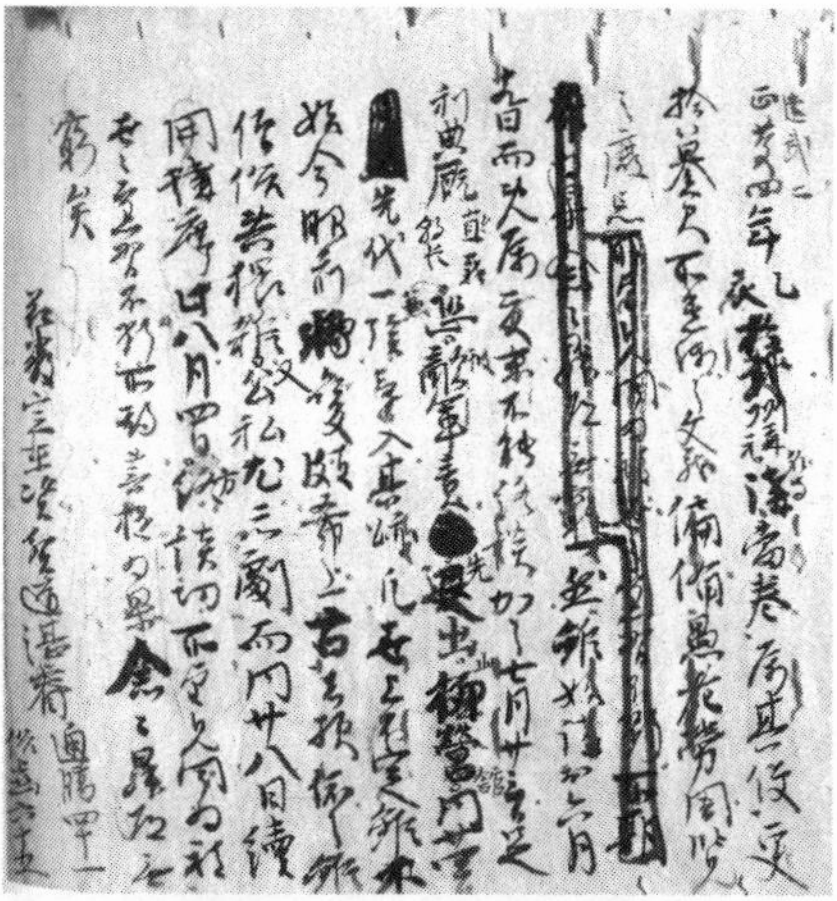

国宝 称名寺聖教 405函『華厳経演義鈔見聞集』（称名寺所蔵〔神奈川県立金沢文庫管理〕)。「図録 特別展 鎌倉幕府滅亡」（平成15年1月30日発行）より転載

　この時、湛睿のいた称名寺とは、正《しょう》嘉《か》二年（一二五八）ごろに金沢実時《さねとき》が創建した、金沢流北条氏の菩提寺であった。鎌倉からは直線距離で十キロメートルほどの距離にある。湛睿は延元四年（暦応二、一三三九）三月に称名寺第三代長老となっている（暦応二年三月六日付足利直

義安堵状、神奈川県立金沢文庫保管称名寺文書）。

奥書によれば、湛睿は建武二年六月十九日から自著『華厳経演義鈔見聞集』の講義をはじめ、七月十五日ごろに一度中断した。七月二十三日には足利直義が鎌倉を出て、二十四日に時行が鎌倉に入った。湛睿は鎌倉占領後の七月二十八日から講義を再開し、八月四日に講義を終えた、とある。この奥書は、講義が終わった八月四日ごろに記されたものであろう。

奥書の冒頭に書かれた「正慶四《建武二》年」に注目すると、湛睿はここで「正慶」の年号を使用している。この奥書の解説（神奈川県立金沢文庫編集　二〇〇三）には、「北条氏の残党とそれに親しみをもつ人々の間では、鎌倉幕府滅亡後も意識的に正慶年号が使われ続けました」（七八頁）とある。

本当にそうだろうか。納富常天氏の研究（納富　一九八五）から、鎌倉幕府が滅亡してから建武二年末までの間に湛睿が奥書などに記した年号を確認すると、三十四件中、正慶年号を使用したのはこの奥書一件のみで、他はすべて「元弘」「建武」という建武政権側の年号を用いている。湛睿が北条氏を支持していたがために「正慶」を用いたのであれば、使用した事例が一件のみとはならないであろう。何か別の理由が考えられよう。回り道かもしれないが、別の観点から検討してみたい。

2　「中先代」が意味するもの

「中」の意味

「まえがき」でも触れたように、北条時行は「中先代」と呼ばれていた。「中」とは、同じカテゴリで括られる三つのもののうちの真ん中のものを指す言葉である。

例を挙げると、平安時代に藤原兼家《かねいえ》の子で道長の兄にあたる関白藤原道隆《みちたか》を「中関白《なかのかんぱく》」といった（『江談抄《ごうだんしょう》』）。道隆が関白となった父兼家と関白にはならなかったが後に御堂《みどう》関白と称された弟道長の間であったから「中関白」と呼ばれたという（土田直鎮《なおしげ》 一九九二）。

また、『若狭国守護職次第』には「中武蔵守殿御分国。経時」とあり、「中武蔵守殿」は鎌倉幕府四代執権で武蔵守であった北条経時を指す。「前武蔵守」（『鎌倉年代記』元仁《げんにん》元年〔一二二四〕条）と呼ばれた三代執権で経時の祖父にあたる北条泰時と、武蔵守を極官《ごっかん》とした六代執権北条長時（『鎌倉年代記』康元元年〔一二五六〕条）の間の武蔵守であるから、「中武蔵守」と呼ばれたと考えられる。

では、結果としてわずか二十日間程度鎌倉を占領したに過ぎない時行が、なぜ鎌倉幕府の執権「先代」北条氏と室町幕府を開いた「当御代」足利氏と同列に置かれたのだろうか。

源頼朝の幕府開創以来百五十年以上にわたって武家政権が置かれた鎌倉という土地は、鎌倉幕府滅亡後も、足利氏を含めた武士にとって特別なものであった。それはこの法律の制定をもって室町幕府の開創といわれている『建武式目』に、鎌倉は「武家にとっては、もっとも縁起が良い土地というべきである」と謳われていることからも明らかである。時行が「先代」の北条氏・「当御代」の足利氏と同質とみなされたのは、時行が短期間であっても源頼朝以来、武家政権が置かれていた鎌倉の地を占領することができたからであろう。

湛睿の意図したこと

湛睿は、鎌倉を占領した時行方を、少なくとも占領期間中は正統な政権と見なしたために、時行方が使用する「正慶」年号を使って奥書を記したと考える。奥書は執筆者の心覚えに書くメモのようなものだ。偽造されることは考えにくく、湛睿自身が意図的に「正慶」を使用したと見るべきである。

なお、「正慶四」の横に「建武二」と書き加えたのは、後から「正慶四」年が何年だったのかを確認できるようにするためだと思われる。

これとは別に、時行の鎌倉占領期間中に湛睿が書写した『秦洛楚夏訓解』の奥書は「建武二年乙亥七月二十六日」からはじまり、「時に八月十八日、武州六浦庄称名寺においてこれを記す」で終わる。湛睿は、ここでは「正慶」年号ではなく「建武」年号を記している。これはなぜか。

この奥書を記したのは建武二年八月十八日である。次節で述べるが、翌十九日に中先代の乱は終結している。『常楽記』に「八月十八日、廿日先代《鎌倉先代余類》没落」（同日条）とあるように、すでに十八日の時点で時行方が敗退し鎌倉から追い出されるのが決定的であったため、湛睿は「正慶」を使用せず「建武」と記したのではないだろうか。

3　足利尊氏の東下

足利尊氏の出立

目線を京に転じてみよう。北条時行挙兵の報は、もちろん京にも伝わっていた。「信濃国凶徒頼重法師以下の輩追討」のため祈禱をするよう、七月二十八日付で後醍醐天皇の綸旨が出されている（〔建武二年〕八月四日付東大寺年預五師顕寛請文土代《どだい》、東大寺図書館所蔵東大寺文書)。

八月一日には「信州蜂起」のために祈禱が行われ、八日にも「信州蜂起興盛し、すでに関東将軍宮《(成良親王)》以下を責め落とし御没落あるにより」重ねて祈禱が行われた(『修五大成　下』)。

弟直義の敗報を聞いた足利尊氏は、北条時行を討伐すべく鎌倉下向を後醍醐天皇に願い出る。下向に際し、尊氏は征夷将軍(征夷大将軍)と諸国の惣追捕使《そうついぶし》を望んだが、どちらも許されなかった(『神皇正統記』)。

征夷大将軍と惣追捕使

序章でも述べたように、征夷大将軍は、もともと朝廷が蝦夷征討のために派遣する軍の最高指揮官で、令外官《りょうげのかん》(朝廷の役職〔官職〕で、大宝律令《たいほうりつりょう》制定後に作られたもの)であり、言うまでもなく初代将軍源頼朝以降の鎌倉幕府将軍が代々就任する職となっていた。

源頼朝は、おもに一国単位で惣追捕使という軍事指揮官を置いた。惣追捕使は守護の前身であり、文治元年(一一八五)十一月、頼朝は諸国の守護・地頭の任命権を得る(『吾妻鏡』同月二十八日条)。この時得た頼朝の地位を「日本国の惣追捕使」という史料もある(『平家物語』)。征夷大将軍も諸国の惣追捕使も、鎌倉幕府を開いた源頼朝が就いた最も重要な職といえるのである。

尊氏がこの両職を望んだのは、この時点ですでに武士政権をたてることを目論んでいたからともいわれるが（佐藤進一　二〇〇五）、この時点で尊氏が建武政権からの離脱や幕府を開くことを考えていたわけではない。鎌倉を占領し、鎌倉幕府再興を目指す時行に対抗すべく、尊氏も自らを鎌倉幕府の創始者頼朝になぞらえて正統性を確保しようとしたのであろう（清水　二〇一三）。一方、後醍醐は征夷大将軍・諸国惣追捕使に尊氏を任じることが、鎌倉幕府の復活につながりかねないという危険性を認識していたために、尊氏の望みを受け入れなかったのである。八月一日、鎌倉から京都へ向かう途中の成良親王が征夷大将軍に補任された（『相顕抄』）。

征東将軍任官

成良の征夷大将軍任官の報は、当然尊氏の耳にも届いたであろう。翌八月二日、後醍醐の許可が下りないまま尊氏は京を出立する。後醍醐は尊氏の行動を追認するため、八月九日に尊氏を征東将軍に補任した（『神皇正統記』、『武家年代記』建武元年条）。

平安時代、蝦夷征討軍の組織を「征東使」と呼んでいたが、この組織は延暦《えんりゃく》十二年（七九三）に「征東使」から「征夷使」へ名称が変わっている（『日本紀略』同年二月十七日条）。征討に出陣するにあたり、一軍に将軍・副将軍・軍監・軍曹・録事を置き（兵の数によって変更あり）、三軍を統べるごとに大将軍一人を置いたので（『令《りょうの》義解《ぎげ》』軍防令）、「征東将軍」も「征夷大将軍」も、蝦夷征討軍の司令官・最高司令官のことを指す。尊氏の征東将軍就任は、元暦元年（一一八四）に木曾義仲《きそよしなか》が征東大将軍に就任して以来のものであった（櫻井　二〇一三）。

尊氏が京を出立した八月二日には、西園寺公宗・日野氏光が処刑されている。

大風襲来

『太平記』によれば、京都から鎌倉に向かう尊氏軍は、京を出るときは五百騎だったが、近江、美濃、尾張、三河、遠江の軍勢が集まって駿河に着いた時には三万余騎、尊氏と直義の軍勢を合わせて五万余騎になったという。

尊氏が鎌倉を目指し下向するとの報は、時行たちの元へも伝わった。『太平記』によると、尊氏襲来に備え、迎撃戦ではかなわないから先手を取ろうとの時行の意見によって、名越式部大夫を大将として軍の派遣を決定した。名越が八月三日の夜に鎌倉を出立しようとしたところ、大風が起こった。時季から見て台風だったと考えられる。

この大風で鎌倉の大仏殿が倒壊し、避難していた五百余人の軍勢が巻き込まれて死亡したという。鎌倉の大仏は、現在は屋外に鎮座しているが、当時は建物（大仏殿）の中にあったのである。

この大風の裏付けとなる出来事がある。武蔵国南部、現在の東京都日野市にある高幡不動《たかはたふどう》尊《そん》は、中先代の乱のころには十院不動堂といい、現在より少し山の上にあった。その十院不動堂が、建武二年八月四日の夜に大風で壊れた。不動堂に加え、本尊の不動明王像や脇侍の制多迦童子《せいたかどうじ》・矜羯羅《こんがら》童子像も壊れたという（康永元年六月二十八日付高幡不動尊火焔背銘、高幡山金剛寺蔵、峰岸　二〇一一）。後に修復された高幡不動尊の不動明王像と制多迦童子・矜羯羅童子像は現存し重要文化財に指定され、高幡不動尊の奥殿で拝観できる。

鎌倉と十院不動堂は、直線距離にして四十キロメートルほど離れている。大風が鎌倉を襲ったのは八月三日夜、十院不動堂が被害を受けたのが四日夜では台風の進度が遅すぎるようにも思える。日時が間違って記録されている可能性もあるが、当時は丑刻と寅刻の境（午前三時）で日付が変わるから（斉藤　一九八〇、橋本万平　一九八一）大風は三日夜から四日未明にかけて鎌倉と十院不動堂を襲ったと考えることもできるだろう。寅刻に起きた出来事を記録するのに「○日未明」などとせず「○日夜」と記す例もある（斉藤　一九八〇）。
大仏殿の倒壊によって時行方の軍勢が五百余人圧死したというのは誇張かもしれないが、大風で大仏殿が被害を受けたこと自体は事実と考えられる。事実であるとすると、時行方は出陣の門出にこのような目に遭い、仏罰があたったかのように思えたのではないか。そうであれば、死傷した兵が仮に少数であったとしても心理的な打撃は大きかっただろう。実際、毛利家本『太平記』（『参考太平記』所収を確認した）には、

この大風が吹き始めた時刻を考えて、後で事情を聞いたところ、後醍醐天皇が関東征伐の祈禱として、奈良の西大寺において一日百の座を設けて大威徳明王法の祈禱を行わせていたが、まさにその祈禱の最終日に（上記で一日に百の座と言って、ここで修法の最終日というのは齟齬がある）当たったのは不思議なことであった。

とあって、この大風を後醍醐が行わせた祈禱の結果であるとしている。

足利尊氏の進軍行程

月	日	できごと	典拠史料
8	2	京を出発。	『元弘日記裏書』同日条、『梅松論』
8	9	遠江橋本で合戦。	「足利尊氏関東下向宿次・合戦注文」、『梅松論』
8	12	遠江小夜中山で合戦。時行方大将備前新式部大夫入道。	「足利尊氏関東下向宿次・合戦注文」、『太平記』、『難太平記』、『梅松論』
8	14	駿河国府で合戦。時行方大将尾張次郎。	「足利尊氏関東下向宿次・合戦注文」
8	14	駿河高橋で合戦。	「足利尊氏関東下向宿次・合戦注文」、『太平記』、『梅松論』
8	14	駿河清見関で合戦。	「足利尊氏関東下向宿次・合戦注文」
8	17	相模箱根はじめ諸所で合戦。時行方大将三浦時明。	「足利尊氏関東下向宿次・合戦注文」、建武2年9月　日付烟田幹宗・同時幹軍忠状写（京都大学総合博物館所蔵烟田文書）、『太平記』、『梅松論』
8	18	相模川で合戦。	同上、『難太平記』
8	19	相模辻堂・片瀬原で合戦。	「足利尊氏関東下向宿次・合戦注文」、建武2年9月　日付烟田幹宗・同時幹軍忠状写、『太平記』
8	19	鎌倉を奪還。諏訪頼重ら大御堂で自害。	「足利尊氏関東下向宿次・合戦注文」、『常楽記』同日条、『太平記』、『梅松論』

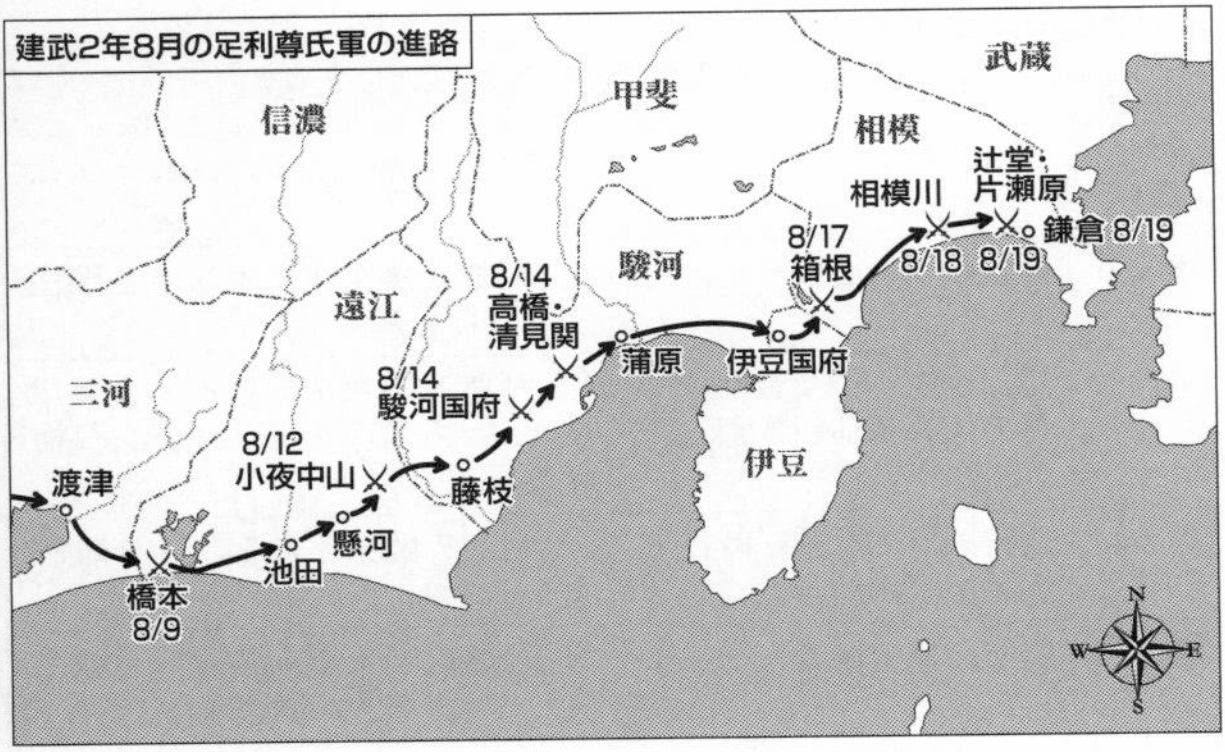

足利尊氏の鎌倉攻め

京を出立した尊氏は、三河矢作宿（愛知県岡崎市）で弟直義と合流した（『梅松論』）。「足利尊氏関東下向宿次・合戦注文」には、尊氏方の進軍の行程が詳しく載っている。おもにこれによって、尊氏方と時行方の合戦の様子を概観したい。

尊氏は、八月九日に遠江橋本（静岡県湖西市）で合戦となった。『梅松論』には、

> 時行方の軍勢は、遠江の橋本に砦を築き防いでいたので、先陣の安保《あぼ》丹後守（光泰）（この時は新兵衛尉《しんひょうえのじょう》であった）が、浜名湖を味方に渡らせて合戦を挑み撃退した。

とある。時行方が先に橋本に拠り、そこを足利方の

安保光泰が攻めたことがわかる。この合戦に時行方は敗れている。

十二日には、遠江小夜中山《さよのなかやま》（静岡県掛川市）で合戦となった。時行方の大将は備前新式部大夫入道であった。『難太平記』によると、今川頼国が時行方の大将名越という者を討ち取ったという。名越氏には備前守に就くものが多いので、大将の備前新式部大夫入道は名越氏であったと推定される。

「足利尊氏関東下向宿次・合戦注文」には小夜中山の合戦で功績を挙げた人物として頼国がみえるが、備前新式部大夫入道を打ち取ったのは「佐竹上総入道（貞義）」となっている。時行方の侍大将宇都宮能登入道は同じ時行方の天野一族に討たれ、天野一族は足利方へ降人《こうにん》（降参した人）となった。

十四日は、駿河国府（静岡県静岡市葵区）で合戦があった。ここでは、時行方の大将尾張次郎（名越氏か）が自害、塩田陸奥八郎（北条一族の塩田氏）および侍大将諏訪次郎が生け捕られている。時行方はここでも敗れて、高橋（同静岡市清水区）・清見関（同）で戦う。清見関では千葉二郎左衛門尉など時行方の数人が足利方に降人となった。

十七日は箱根（神奈川県足柄下郡箱根町）で合戦があり、時行方の大将は三浦時明であった。合戦は水飲《みずのみ》（静岡県三島市）・相模葦河上（神奈川県足柄下郡箱根町）・大平下（同）・湯本地蔵

勝長寿院跡（写真：山口範子／アフロ）

堂（同）の諸所で行われた。『太平記』によると、時行方の清久《きよく》山城守がここで捕らえられたという。

十八日は相模川（神奈川県平塚市・茅ヶ崎市）で合戦があった。この時相模川は増水していて、足利方の今川頼国が川を渡っている途中で射殺され、今川三郎・「河ばたの人々」（今川氏の分家の入野氏。川添　一九八八）も同じ場所で討たれたという（『難太平記』）。時行方は足利方の一斉渡河にあって敗退した。

十九日には辻堂（神奈川県藤沢市）・片瀬原（同）で合戦があったが、ここも時行方は防ぎきれず、足利尊氏は鎌倉を取り戻した。同日、鎌倉の大御堂《おおみどう》（勝長寿院）で、諏訪頼重らが自害している（『梅松論』）。

こうして足利方は連戦連勝し、鎌倉を奪回した。しかし、「駿河国高橋の合戦をはじめとして、湯本、相模川、片瀬、度々の大合戦」（『御的日記』建武二年条）と記され、実際に足利方も十八日の相模川合戦では今川頼国以下、得宗被官でもあった甲斐源氏の小笠原七郎父子（信濃守護小笠原貞宗の同族）、のちに足利直義のもとで活躍する二階堂道本《どうほん》（法名。俗名は行周または行秀）の子息行脩・行登らが討死した。

十九日の辻堂・片瀬原の合戦でも、三浦氏の一族葦名盛員・高盛父子、美濃源氏の土岐貞頼らが討死、近江の名門、宇多源氏の佐々木時綱、足利氏の執事を務める高一族の大高重成らが負傷している。結果として足利方の勝利となったが、いずれの合戦も激戦であったことがわかる。

諏訪照雲頼重供養塔（諏訪大社上社前宮）

廿日先代

足利尊氏が鎌倉を奪還して、中先代の乱は北条時行の敗退に終わった。時行方が鎌倉を占領していた期間は二十日あまりのため、「廿日先代」ともいわれた（『梅松論』）。

諏訪頼重をはじめ時行方のおもだった大名四十三人は、鎌倉の大御堂で誰が誰ともわからないように顔の皮を剝《は》いで皆自害していた。「北条時行もきっとこの中にいることだろう」と、その話を聞いて悲しまない人はいなかった、と『太平記』には書かれている。

しかし、時行は死んではいなかった。推定年齢七歳の敗将は、落ち延びていたのである。また信濃にいる時行方の戦いも続いていた。それについては次章で述べる。

時行方のその後

時行に味方した箱根合戦の大将三浦時明と、三浦氏の惣領である三浦時継の中先代の乱後の動向について見てみたい（山田邦明　二〇一二）。

三浦時明のその後は、天正本『太平記』に書かれている。それによると、時明は相模懐嶋（神奈川県茅ヶ崎市）へ落ち延びた。地元の漁師たちが哀れんで、砂浜に壺を埋めてその中に時明を匿ったが、その上に漁に使う網を何重にも巻いておいたところ、空気がこもって窒息したのか、自分で首を絞めたのかはわからないが、壺の中で死んでしまっていたので、そのまま土に埋めたという。

三浦時継は、中先代の乱の敗戦後に、一族二十余人で船に乗り尾張国熱田浦（愛知県名古屋市熱田区）まで逃げたものの、熱田神宮の神官のトップである熱田大宮司に捕らえられ、京へ護送された（〔建武二年〕九月二十日付朗覚書状案、豊前到津文書）。『太平記』によれば六条河原で処刑されたという。

地方に広がる影響

中先代の乱は地方にも影響を与えていた。

中先代の乱と同時期、北国の名越時兼は越中・能登・加賀の軍勢を引き連れ三万余騎で京へ攻め込もうとしたところ、越前と加賀の境にある大聖寺《だいしょうじ》（石川県加賀市）で討死したとい

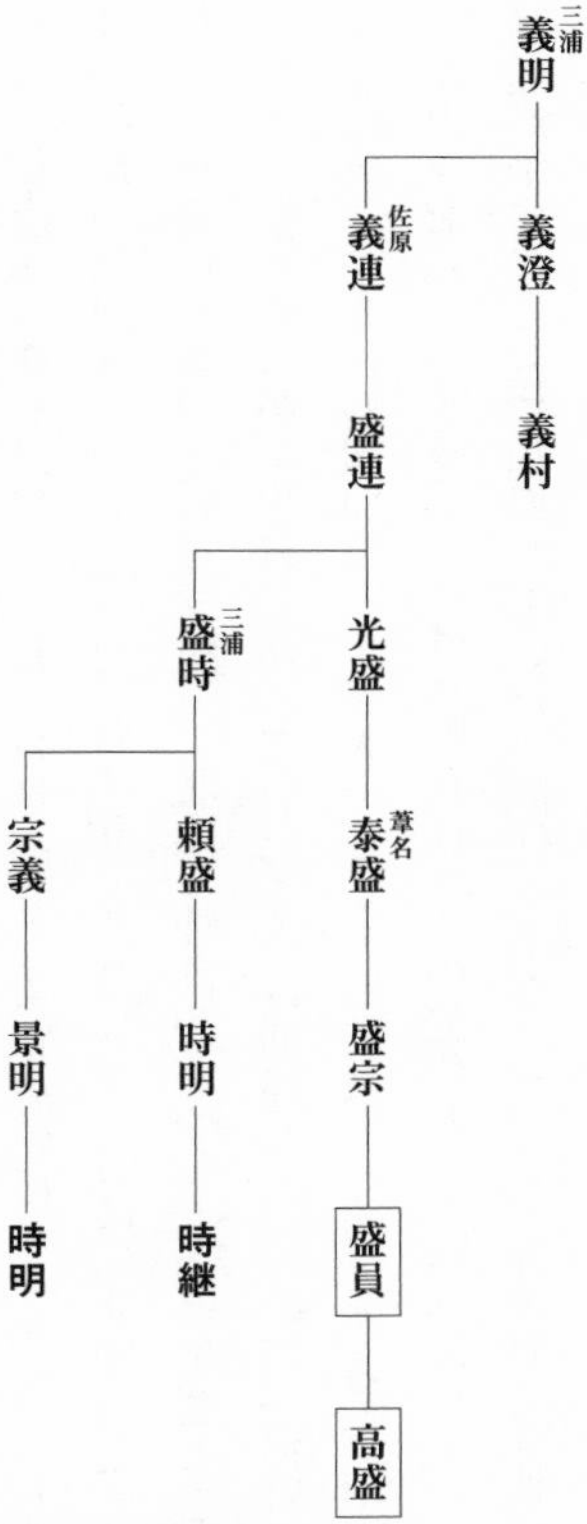

三浦氏略系図
太字は北条時行方、囲みは足利方（建武政権方）として中先代の乱に参加した者

う（『太平記』）。建武二年十一月　日付高間行秀軍忠状に「今年〈建武二〉八月北国蜂起の間、凶徒誅罰のため発向せしめおわんぬ」とあり、八月二十八日に「北国闘乱」を鎮めるための祈禱が行われているから（『華頂要略』）、北国で戦乱があったことは確認できる。

陸奥の結城盛広が時行方と通じていたことは前述した。また、『河野系図』の河野通任の注記には「中先代蜂起の時、予州大将として白瀧城にたてこもる」、中世に成立した河野氏の歴史を記した『予章記』には河野通任が「中先代蜂起の時当国において討死す」とあり、通任が中先代の乱に加担していた可能性がある（ただし、群書類従合戦部所収の『予章記』では「中先代」が「先代」となっていて、これが正しければ中先代の乱ではなく建武二年二月の伊与での駿河太郎〔赤橋〕重時の蜂起に加担していたとも考えられる）。

後醍醐と尊氏

鎌倉を取り戻した足利尊氏は、建武二年十月三日・九日には、軍勢を相模の三浦長沢（神奈川県横須賀市）・馬入（同平塚市）に派遣し、北条方の残党を討たせている。

また、中先代の乱終結後の八月三十日には、建武政権から「小山四郎」に下野国務が安堵されている（同日付後醍醐天皇綸旨、柿沼幸衛氏所蔵小山文書）。

「小山四郎」は小山氏惣領の名乗りであるから、中先代の乱の時に武蔵府中で敗れて自害した小山秀朝の嫡子朝氏に宛てたものである。これは中先代の乱の鎮圧後に足利尊氏らの注進を受けて、小山秀朝の功に報いるために綸旨が出されたもので、このころの後醍醐は尊氏の行動に理解を示していたとされる（阪田　二〇一二）。

同じ八月三十日に、足利尊氏も勲功の賞により従二位に昇進している（『公卿補任』）。後醍醐から尊氏へ与えられた中先代の乱鎮圧の恩賞であろう。このころはまだ、意見の相違はあったかもしれないが、後醍醐と尊氏は敵対していなかったことがわかる。

諸将の分析——時行方

こうして中先代の乱は終結した。

中先代の乱での時行方・足利方（建武政権方）の諸将を表にしたのでご覧いただきたい。史料で名前が確認できるのは功績があった者や討死・負傷した者に限られるが、ある程度の傾向はつかめると思う。

時行方には、北条一族や諏訪氏などの得宗被官が多く参加している。諏訪氏や滋野氏、千曲川沿岸の神党保科氏・四宮氏など、神党の武士たちが信濃の時行方の主戦力であった。た

北条時行方一覧

名前	所属	備考	典拠
北条時行	北条氏		『梅松論』、『太平記』
名越式部大夫	北条氏		『太平記』
備前新式部大夫入道	北条氏（名越氏？）		「足利尊氏関東下向宿次・合戦注文」
尾張次郎	北条氏（名越氏？）		同上
極楽寺	北条氏		『梅松論』
塩田陸奥八郎	北条氏		「足利尊氏関東下向宿次・合戦注文」
大仏	北条氏		『梅松論』
諏訪頼重	得宗被官		「足利尊氏関東下向宿次・合戦注文」、『太平記』
諏訪時継	得宗被官		『梅松論』
諏訪次郎	得宗被官		「足利尊氏関東下向宿次・合戦注文」
安保道潭の子	得宗被官、武蔵七党丹党		延宝本『梅松論』
渋谷の一族	得宗被官		『梅松論』
三浦時明	得宗被官	関東廂番（関東廂番定書写）	「足利尊氏関東下向宿次・合戦注文」、『太平記』
三浦時継	得宗被官		（建武２年）９月20日付朗覚書状案（豊前到津文書）、『太平記』
工藤四郎左衛門	得宗被官		『太平記』

蛭河彦大郎入道	得宗被官？武蔵七党児玉党	城山貞守に捕まる	年月日未詳実廉申状（竹内文平氏所蔵文書）
塩谷民部大夫	得宗被官？宇都宮氏の一族		『太平記』
海上師胤	北条氏被官？千葉氏の一族	駿河清見関で降人となる	「足利尊氏関東下向宿次・合戦注文」
千葉二郎左衛門尉	千葉氏	駿河清見関で降人となる	同上
大須賀四郎左衛門尉	千葉氏の一族	駿河清見関で降人となる	同上
天野貞村	工藤氏の一族	関東廂番。駿河清見関で降人となる	同上
伊東祐持	工藤氏の一族	関東廂番。駿河清見関で降人となる	同上
天野一族	工藤氏の一族	遠江小夜中山で宇都宮能登入道を討ち取り降人となる	同上
宇都宮能登入道	宇都宮氏		同上
清久山城守	武蔵の武士、小山氏の一族		『太平記』
那和政家	上野那波郡の武士、大江氏の一族	関東廂番	同上
滋野一族	滋野氏、神党		建武2年7月　日付市河助房等着到状（本間美術館所蔵市河文書）

保科弥三郎	神党		建武2年7月　日付市河助房等着到状（本間美術館所蔵市河文書）
四宮左衛門太郎	神党		同上
宏元	?		正慶4年8月12日付北条時行奉行人等連署安堵状（相模明王院所蔵法華堂文書）
貞宗	?		同上
高泰	?		同上
丸六郎	安房の武士？	駿河清見関で降人となる	「足利尊氏関東下向宿次・合戦注文」
奥五郎	?	駿河清見関で降人となる	同上
松野又二郎	?	城山貞守に捕まる	年月日未詳実廉申状
松野彦五郎入道父子	?	駿河蒲原で香川宗景に捕まる	同上

だ神党という概念が、時行方として行動するのにどの程度まで影響していたのかは不明である。

また、時行方には、宇都宮氏や千葉氏など、東国武士の参加も確認できる。

加えて、八月十八日の箱根合戦の大将三浦時明、清見関で降人となる天野貞村・伊東祐持、『太平記』で時行方として名の見える那和《なわ》左近大夫（那波左近大夫将監政家）の四人は、鎌倉将軍府の関東廂番のメンバーであった（関東廂番定書写、湯山　二〇一一）。

つまり、彼らは建武政権に帰順したのちに時行に味方したことがわかる。彼らが時行方に寝返ったのは、建武政権に対して何かしらの不満があったからであろう。

諸将の分析――足利方（建武政権方）

足利方（建武政権方）は、足利一族や足利氏の被官が多いものの、宇都宮氏、小山氏、千葉氏、佐竹氏などの東国武士も参加している。また、佐々木氏（近江）や土岐氏（美濃）など東国以外の武士も参加している。長井氏や大江氏、二階堂氏など鎌倉幕府の吏僚層もおり、得宗被官（安保氏・小笠原氏など）も確認できる。

時行方・足利方を概観して気づくのは、一族で時行方と足利方に分かれる事例がいくつも

足利方（建武政権方）一覧

名前	所属	備考	典拠
足利尊氏	足利氏		「足利尊氏関東下向宿次・合戦注文」、『梅松論』、『太平記』
足利直義	足利氏		『梅松論』、『太平記』
今川範満	足利氏	小手指原合戦で討死	『難太平記』
今川三郎	足利氏	相模川合戦で討死	『難太平記』
今川頼国	足利氏	相模川合戦で討死	「足利尊氏関東下向宿次・合戦注文」、『難太平記』
今川範国	足利氏		『難太平記』
河ばたの人々	今川氏の一族	相模川合戦で討死	同上
上野頼勝	足利氏		建武2年9月　日付烟田幹宗・同時幹軍忠状写（京都大学総合博物館所蔵烟田文書）
吉良満義	足利氏		『太平記』
渋川義季	足利氏	女影原合戦で自害	『梅松論』、『太平記』
仁木義照	足利氏		建武2年9月　日付烟田幹宗・同時幹軍忠状写
細川和氏	足利氏		「足利尊氏関東下向宿次・合戦注文」
細川頼貞	足利氏	相模河村山で自害	『尊卑分脈』、流布本『梅松論』
上杉重顕	足利氏の姻戚		「足利尊氏関東下向宿次・合戦注文」
高師泰	足利氏執事の一族		『太平記』
高師兼	足利氏執事の一族		「足利尊氏関東下向宿次・合戦注文」

高師久	足利氏執事の一族		「足利尊氏関東下向宿次・合戦注文」
大高重成	足利氏執事の一族	辻堂・片瀬原合戦で負傷	同上
岩松四郎	新田氏		『太平記』
岩松経家	新田氏	女影原合戦で自害	『梅松論』、『太平記』
佐竹貞義	佐竹氏		「足利尊氏関東下向宿次・合戦注文」
佐竹義直	佐竹氏	武蔵鶴見合戦で討死	建武3年9月28日付足利尊氏感状案写（東京大学史料編纂所所蔵安得虎子五）
土岐貞頼	土岐氏	辻堂・片瀬原合戦で討死	「足利尊氏関東下向宿次・合戦注文」
土岐頼明とその弟	土岐氏	辻堂・片瀬原合戦で討死	同上
佐々木壱岐五郎左衛門尉（長信?）	佐々木氏の一族、西条氏？	相模川合戦で討死	同上
佐々木時綱父子	佐々木氏	辻堂・片瀬原合戦で負傷	同上
佐々木導誉	佐々木京極氏		「足利尊氏関東下向宿次・合戦注文」、『太平記』
小山秀朝	小山氏	武蔵国府合戦で自害	『梅松論』、『太平記』
宇都宮貞宗	宇都宮氏		「足利尊氏関東下向宿次・合戦注文」
宇都宮貞泰	宇都宮氏		同上
宇都宮高貞	宇都宮氏	兵庫助。公貞、綱世と改名	同上
赤松貞範	赤松氏		神宮徴古館本『太平記』

千田太郎	千葉氏の一族		「足利尊氏関東下向宿次・合戦注文」
大須賀左衛門尉	千葉氏の一族		同上
大江時古	大江氏	成良親王を抱いて京へ帰る	『元弘日記裏書』
長井時春	長井氏、大江氏の一族		「足利尊氏関東下向宿次・合戦注文」、『太平記』
長井左衛門蔵人	長井氏、大江氏の一族		「足利尊氏関東下向宿次・合戦注文」
二階堂行脩	二階堂氏	相模川合戦で討死	同上
二階堂行登	二階堂氏	相模川合戦で討死	同上
安保光泰	得宗被官、武蔵七党丹党		「足利尊氏関東下向宿次・合戦注文」、『梅松論』
小笠原貞宗	得宗被官、小笠原氏	信濃守護	『梅松論』
小笠原七郎(頼氏)父子	得宗被官、小笠原氏	相模川合戦で討死	「足利尊氏関東下向宿次・合戦注文」
小笠原彦次郎(長頼?)父子	得宗被官、小笠原氏	相模川合戦で討死	同上
片山兵庫	北条氏被官?	湯本地蔵堂で負傷	同上
入江春倫	工藤氏の一族		『梅松論』、『太平記』
葦名盛員	三浦氏の一族	辻堂・片瀬原合戦で討死	「足利尊氏関東下向宿次・合戦注文」、『太平記』

葦名高盛	三浦氏の一族	辻堂・片瀬原合戦で討死	「足利尊氏関東下向宿次・合戦注文」
市河助房	市河氏		建武2年7月　日市河助房等着到状（本間美術館所蔵市河文書）
市河倫房	市河氏		同上
市河長房	市河氏		同上
市河親宗	市河氏		建武2年8月　日市河親宗軍忠状（本間美術館所蔵市河文書）
市河助保	市河氏		建武2年10月　付市河倫房・同助保着到状（本間美術館所蔵市河文書）
大類五郎左衛門尉	武蔵七党児玉党		「足利尊氏関東下向宿次・合戦注文」
烟田幹宗・時幹父子	常陸国の武士、常陸大掾氏の一族		建武2年9月　日付烟田幹宗・同時幹軍忠状写（京都大学総合博物館所蔵烟田文書）
小野寺顕通	下野国の武士	8月19日武蔵国長井渡に馳せ参じる	建武2年8月20日付小野寺顕通着到状（上野小野寺文書）
淵野辺伊賀守	相模国の武士	足利直義の命で護良親王を殺す	神田本『太平記』、神宮徴古館本『太平記』
富来忠茂	豊後国の武士	足利尊氏の関東下向に従う	建武3年3月　日付富来忠茂軍忠状（本田峯雄氏所蔵文書）
松本氏貞	?	相模川合戦で討死	「足利尊氏関東下向宿次・合戦注文」
味原三郎	?	辻堂・片瀬原合戦で討死	同上
味原出雲権守	?	辻堂・片瀬原合戦で負傷	同上

阿野実廉	公卿、後醍醐天皇の妃阿野廉子の兄		年月日未詳実廉申状（竹内文平氏所蔵文書）
城山貞守	阿野実廉の候人	蛭河彦大郎入道・松野又二郎を捕える	同上
香川宗景	阿野実廉の候人	駿河蒲原で松野彦五郎入道父子を捕える	同上

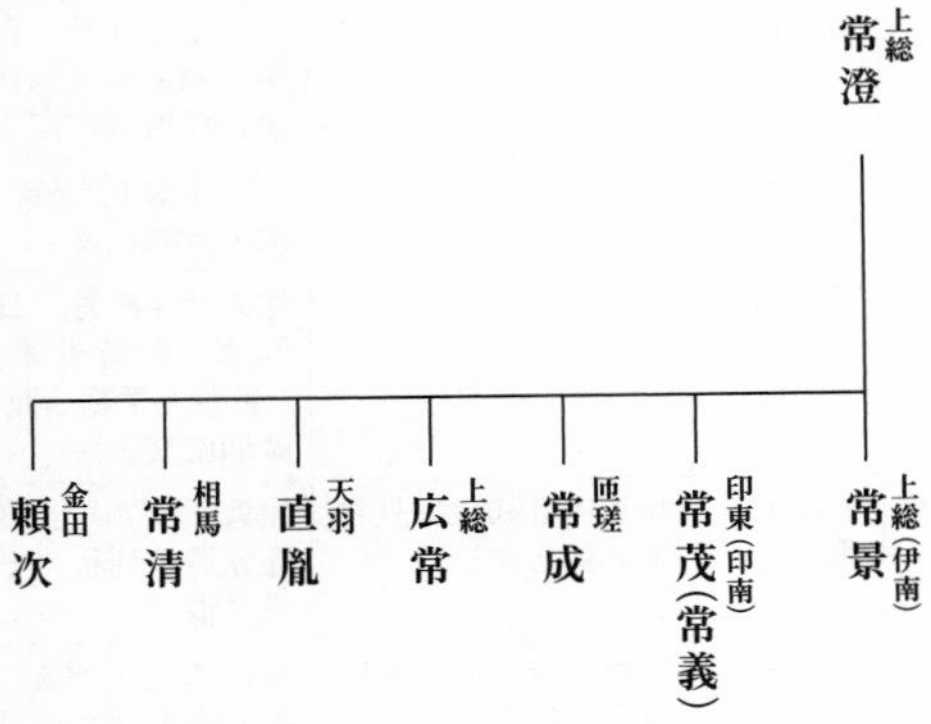

上総氏略系図

あることだ（宇都宮氏、千葉氏、三浦氏、大須賀氏、安保氏）。

当時の武士は一族で団結して行動するイメージがあるが、実際はそうでもなかった。一族を守るためにどちらか一方だけでも生き残れるようにするためや、一族の庶子が惣領の支配から独立するために敵味方に分かれる例もある（佐藤進一　二〇〇五）。

たとえば、鎌倉時代初期の例になるが、桓武平氏の上総氏は、上総常澄《つねずみ》の子が上総（伊南）常景、印東《いんとう》（印南）常茂（常義）、匝瑳《そうさ》常成、上総広常、天羽《あまは》直胤、相馬《そうま》常清、金田頼次と、兄弟でも違う名字を名乗っていたし、上総常景は印東常茂に殺害され、常茂も家督の地位をめぐり上総広常と争い追放されるなど、兄弟間で敵味方に分かれ争っていた（野口　二〇一二）。

中先代の乱の主体は？

中先代の乱は、一般的に北条氏と北条氏の被官が中心になって起こしたという理解がされている（山田邦明　一九九五）。阪田雄一氏は、中先代の乱は北条氏や北条氏被官勢力、彼らを含めた鎌倉幕府の特権的支配層（幕府中枢の役職を独占した特定の家系。細川　二〇一一）を主体とした鎌倉幕府の再興運動であったとする（阪田　二〇一二）。

筆者は、中先代の乱は北条氏と得宗被官を含めた北条氏の被官が中心となって起こした反乱ではあるものの、東国武士の参加も確認できるため、単なる北条氏とその被官による反乱ではないと考えている。一族間で足利方（建武政権方）と時行方に分かれて戦っている事例が多い点も注目すべきである。

中先代の乱は、北条氏やその被官の生き残りが幕府再興のために挙兵したものである。しかし、関東廂番にも加わりながらも時行方に味方した者たちからもうかがえるように、建武政権に対する武士たちの不満を具現化した反乱という側面もあると考える。

第5章 知られざる「鎌倉合戦」

1 信濃の状況

信濃の時行方

中先代の乱は終結したものの、鎌倉を攻めた北条時行の本軍と行動をともにせず、信濃に残った時行方の軍勢は、なおも信濃守護方と戦い続けていた。

建武二年（一三三五）八月一日に、小笠原貞宗が滋野氏の拠る望月城を攻め落としている。続いて貞宗は九月三日以降、安曇《あずみ》・筑摩（長野県松本市）・諏訪（同諏訪市）・有坂《ありさか》（同小県《ちいさがた》郡《ぐん》長和町）の諸城を攻め落とす（同年十月 日付市河倫房・同助保着到状、本間美術館所蔵市河文書）。安曇に拠ったのは仁科氏、筑摩は深志介、諏訪は諏訪一族、有坂には有坂氏が拠ったと考えられている（以下、本章の信濃の状況については信濃教育会　一九七七・一九七八、小林計一郎　一九八七による）。

　九月三十日には、時行方に討たれた清原真人の後任である信濃国司堀川光継が信濃に下向し、国司を迎えた軍勢を率いて小笠原政宗・経氏兄弟が横河城（同上伊那郡辰野町）を攻めた（前掲市河倫房・同助保着到状）。横河城には諏訪氏の分流で神氏一族の宮所氏が拠っていたという。

　このころ、信濃惣大将として下向した村上信貞（正慶二年〔元弘三、一三三三〕閏二月に護良親王の身代わりとなって討死した村上義日《よしてる》〔義光〕の兄弟）によって、薩摩刑部左衛門入道と「先代与力の仁」が籠る坂木北条城（同埴科郡坂城町）も攻め落とされた（同年九月二十二日付市河経助軍忠状、本間美術館所蔵市河文書）。薩摩氏は得宗被官工藤氏の一族で、薩摩刑部左衛門入道は、陸奥将軍府で侍所に属していた（「奥州式評定衆・引付・諸奉行交名注文」、『建武記』）。

　信濃守護小笠原貞宗は村上信貞と協力し、延元元年（建武三、一三三六）正月十三日・十七日と清滝《きよたき》城（同長野市）を攻めた（建武三年正月十七日付市河経助軍忠状、本間美術館所蔵市河文書）。清滝城に拠っていたのは時行方と推定されているが、誰なのかは諸説があって不明である。清滝城を攻め落とした村上信貞は、市河経助らの軍勢を率いて正月二十三日に香坂心覚らの籠る牧城（同長野市）を攻めた（建武三年六月二十九日付市河経助軍忠状・同日付市河経助・同助泰軍忠状、本間美術館所蔵市河文書）。同年六月二十五～二十七日にも再度牧城を攻めている（同）。香坂氏は滋野氏の一族で、後に南朝の宗良親王の家臣となる香坂高宗と同族であるという。香坂心覚が時行方であったかは確認できない。

正月二十三日に牧城を攻めてからひと月もたたない二月十五日に、村上信貞は小笠原貞宗とともに信濃麻続（麻積）御厨（同東筑摩郡麻績村）・麻続十日市場（同）で「先代高時一族大夫四郎・同じき丹波右近大夫ならびに当国凶徒深志介知光」と戦った（建武三年二月二十三日付市河経助軍忠状、本間美術館所蔵市河文書、同日付で三通）。「先代高時一族大夫四郎」たちの戦いについては第3節で述べる。

2 「鎌倉合戦」の様相

足利尊氏の動向

中先代の乱後、足利尊氏は後醍醐天皇からの帰京命令に従わず、鎌倉にとどまった。建武二年十一月二十二日に後醍醐天皇は尊氏・直義らが反逆を企てているため処罰せよとの綸旨を出し（〔建武二年〕十一月二十二日付後醍醐天皇綸旨、肥前松浦文書など）、十一月二十六日には後醍醐の勅勘《ちょっかん》（天子の仰せによる勘当）により尊氏の官職はすべて解かれる（『足利家官位記』。『公卿補任』には二十七日とある）。ここに両者は決裂した。

同年十二月、尊氏と弟直義は後醍醐による尊氏討伐の命をうけて下向した新田義貞を箱根・竹ノ下（静岡県駿東郡《すんとうぐん》小山町《おやまちょう》）の戦いで破り、義貞を追って上洛の途についた。他方、後醍醐方の北畠顕家が同月陸奥国府を出て、尊氏らの後を追う。顕家は鎌倉を通過してそのまま京へ向かった。

足利方は延元元年（建武三、一三三六）正月に京都を占領したものの、軍を建て直した義貞や追撃してきた顕家らとの激戦に敗れ、京都を出て九州に下向する。同年二月、尊氏は九州へ向かう途中で持明院統の光厳上皇の院宣を手に入れる。尊氏は大義名分を得た。

尊氏はその後九州から攻め上り京都を占領、後醍醐を追い出し、光厳上皇の弟豊仁《とよひと》親王を践祚させた（光明《こうみょう》天皇）。本節では、北畠顕家が去った後の延元元年三月に鎌倉で起こった合戦について検討する（以下、本節と次節は鈴木由美　二〇一五による）。

「鎌倉合戦」

顕家が通過した後の鎌倉では、延元元年三月に合戦が起こっていた。この「鎌倉合戦」に参加した、伊勢の武士本間有佐《ありすけ》の軍忠状を見てみたい（建武三年六月　日付本間有佐軍忠状、伊勢本間文書）。

軍忠状によると、本間有佐は、建武二年十二月三十日に足近河（岐阜県羽島市）で「大将軍足利上総宮内大輔殿」の軍勢に加わった。この軍忠状にも証判（申請を証明するために文書の余白に書いた文言や署名、花押のこと）を据えた「大将軍足利上総宮内大輔殿」は、足利氏一門吉良《きら》氏の吉良貞家《さだいえ》である（松島　二〇〇六）。

足利尊氏は、九州へ下向する途中の延元元年二月に播磨室津《むろつ》（兵庫県たつの市）で軍議を行い、山陽・四国の防備を固めるため足利一族や現地の豪族出身の守護を配置した（佐藤和彦　一九七四、佐藤進一　二〇〇五）。漆原徹氏は、それ以前の同年正月三十日に尊氏が丹波篠村での軍議によって畿内・近国周辺に諸将を配置したとする（漆原　一九九八）。

吉良貞家は足利方の有力な武将であった。関東廂番の三番頭人を務め、建武二年十二月十一日（『梅松論』）の箱根・竹ノ下の戦いにも加わっていたが、京へ向かう尊氏と途中で別れ、美濃・尾張・三河の東海地域で軍事活動をしていた。篠村・室津の軍議で配置された諸将と同様であるが、貞家は両軍議以前から活動している。貞家は、足利氏にとって重要な拠点の一つである三河周辺の防備を固めるために東海地域に残ったと考えられる。

その貞家に従って転戦した本間有佐は、翌延元元年正月八日の足近・尾張小熊《おぐま》(岐阜県羽島市)・高菜河原(「高桑河原」の誤記とされている。同岐阜市)での合戦や、同年二月十四日の尾張鳴海(愛知県名古屋市緑区)での合戦にも従った。同年三月には、陸奥の武士留守家任も三河矢作宿(同岡崎市・安城市)で貞家軍に加わっている(観応元年〔一三五〇〕七月六日付吉良貞家挙状、水沢市立図書館所蔵留守文書)。そして有佐は同年三月二十五・二十七日には「鎌倉合戦」に参加している。

「先代合戦」

有佐が従軍した、延元元年三月二十五・二十七日の「鎌倉合戦」の敵方は誰だったのか。それは山内首藤時通の軍忠状(建武三年四月五日付山内首藤時通軍忠状、長門山内首藤家文書)からわかる。

時通の軍忠状によれば、彼は延元元年三月二十五日の「先代合戦」の時、「浜面《はまづら》」にて敵一人を討ち取ったが、時通の下人も討死してしまった。時通は同月二十六・二十七日の合戦でも功績を残したという。

山内首藤時通の軍忠状は、尊氏が西上した後の鎌倉を守る尊氏の子息義詮（七歳）の補佐を務める足利氏一門の斯波家長《いえなが》（義詮が幼少のため、鎌倉における足利方の事実上のリーダーであるが、本人も十六歳）に提出されたもので、家長の証判が据えてある。家長はもともと尊氏が建武政権から離反した際、顕家の動きに備えるため陸奥に派遣され、陸奥から顕家を追撃してきたのだが、当時は鎌倉にとどまって義詮の補佐にあたっていた（遠藤巌　一九六九、原田　二〇〇三）。

時通も鎌倉にいる家長の下で戦っているため、延元元年三月二十五日の「先代合戦」の舞台は鎌倉で、「浜面」は鎌倉の由比ヶ浜のことであろう。

「先代合戦」は、本間有佐が戦った延元元年三月二十五・二十七日と同じ日に同じ鎌倉で戦われているから、これらは一連の合戦で、鎌倉に攻め込み吉良貞家や斯波家長と戦ったのは「先代」、つまり北条氏であることがわかる。敗戦を喫した中先代の乱からわずか半年ほど後に、北条氏は再び鎌倉に侵攻していたのである。この延元元年三月に鎌倉で起こった合戦を、以下も総称して「鎌倉合戦」と呼ぶ。

「鎌倉合戦」については、さらに史料がある。建武四年八月十八日付斯波家長挙状案（相馬市教育委員会寄託相馬岡田文書）によると、相馬胤康《たねやす》は奥州から斯波家長に従い、延元元年「二・三両月、前代一族蜂起の時」にも合戦に参加し、同年四月十六日の鎌倉片瀬川の戦いで討死した。

この挙状は、斯波家長が、討死した胤康の子息乙鶴丸《おとつるまる》に所領を安堵するために、胤康の軍忠を尊氏の執事高師直に注進したものである。胤康が従軍した「二・三両月、前代一族蜂起の時」は、「前代」は「先代」であり、「鎌倉合戦」を指すと考えられる。二月と三月の戦いが別々である可能性もあるが、別個のものであれば、斯波家長はひとまとめにして書かずに、それぞれに記して今は亡き胤康の軍功を注進したであろう。よって、二月と三月の戦いは一連のものであり、「鎌倉合戦」はその二ヵ月にわたって行われたことになる。

三月の「前代一族蜂起」である「鎌倉合戦」については述べた。では二月の「前代一族蜂起」は、どのような戦いであったのだろうか。

3 「先代高時一族大夫四郎」とは何者か

「先代高時一族大夫四郎」らの分析

延元元年二月に起きた北条氏による軍事活動は、相馬胤康が従軍した「前代一族蜂起」を除くと、第1節で紹介した、同月十五日に信濃麻続御厨・麻続十日市場で起きた建武政権方の信濃惣大将村上信貞・信濃守護小笠原貞宗と「先代高時一族大夫四郎・同じき丹波右近大夫ならびに当国凶徒深志介知光」との合戦のみしか確認できない。

この合戦の敵方の「先代高時一族大夫四郎・同じき丹波右近大夫」は、「先代高時一族」とあるので、北条一族である。

それでは、「先代高時一族大夫四郎・同じき丹波右近大夫ならびに当国凶徒深志介知光」とは何者なのだろうか。論述の都合上、「当国凶徒深志介知光」、「同じき丹波右近大夫」、「先代高時一族大夫四郎」の順番で検討する。

・「当国凶徒深志介知光」

第3章第2節で紹介した、建武二年（一三三五）三月に信濃府中で反乱を起こしたとされている在庁官人の深志介である。

「深志介知光」の出自については諸説があるが、北条一族の陸奥左近大夫将監の所領であった信濃捧庄《ささげのしょう》（長野県松本市）の荘官であるとも、信濃国府（同）周辺の犬甘郷《いぬかい》を領有する在庁官人で、北条氏被官であったともいわれている（中島　一九九六）。「介」を名乗る以上、知光が信濃在地の有力な在庁官人であったことは確実である。

延元元年二月の戦いに先立つ建武二年九月、知光の所領は足利尊氏によって勲功の賞として富樫高家に与えられていた（同月二十七日付足利尊氏下文写、広島大学文学部所蔵摂津四天王寺旧蔵如意宝珠御修法日記紙背文書）。知光の所領が没収された経緯ははっきりしないが、直接的にはこの尊氏による所領没収に対する不満から、知光は「大夫四郎」らに味方して蜂起したと思われる。

・「同じき丹波右近大夫」

「同じき丹波右近大夫」は、北条氏で、父もしくは父祖が丹波守で自らが右近《うこんの》大夫《たいふの》将監《しょうげん》（五位の位を持ち右近将監に任官した人）である者の通称である。

北条氏の中でも、鎌倉幕府二代執権北条義時の弟で初代六波羅探題南方や連署を務めた北条時房の子孫に丹波守に就任した者が何名かいる。時房の曾孫の佐介《さすけ》（北条）盛房《もりふさ》、盛房の子の貞尚《さだひさ》・貞高《さだたか》、時房の曾孫の大仏《おさらぎ》（北条）貞宣《さだのぶ》である。だが彼らの子孫に右近将監の官途を持つ者は確認できない。「丹波右近大夫」が誰かは確定できないが、丹波守であった佐介盛房もしくは大仏貞宣の子孫であろう。
先行研究では、「右近」は「左近」を誤ったものとして、「丹波右近大夫」を佐介盛房の孫左近将監時継に推定している。

・「先代高時一族大夫四郎」

「大夫四郎」は、父もしくは父祖が大夫（五位の位を持つ人）で自らが四郎（四男）である者の通称である。

だが、北条氏一門で五位の位を有した者は多数いる。単に「大夫四郎」のみで人物を特定するのは難しい。しかし、市河経助が軍功を注進する軍忠状で「大夫四郎」と名を記している。「大夫四郎」という名乗りで誰か特定ができないのであれば、軍忠状に名を記す意味がないだろう。つまり「大夫四郎」は、そう記せば誰なのかが特定できる人物であると考えられる。

加えて、「大夫四郎」は前年の中先代の乱での敗戦及びその前後の信濃での戦闘によって打撃を受けた信濃の北条与党を再度まとめあげ、挙兵させることができるほどの人物である。
さらに、「大夫四郎」は、「先代高時一族大夫四郎・同じき丹波右近大夫」と、北条時房の子孫大仏氏もしくは佐介氏である「丹波右近大夫」より上位に記されている。「大夫四郎」は、先行研究では北条泰家に比定されている（信濃教育会　一九七七）。泰家の仮名は四郎で、官途は左近大夫将監であったから、本来であれば泰家の通称は「四郎左近大夫」または「四郎大夫」となるべきである。

しかし、想定される通称とは異なるものの、「大夫四郎」と記せば誰を指すのかが特定でき、中先代の乱の敗戦後の信濃の北条与党をまとめられる人物であり、「丹波右近大夫」より上位に記されるという条件を考えると、「大夫四郎」は先行研究の指摘する通り北条泰家（もしくは泰家の名をかたった人物）の可能性が高いと考える。

「大夫四郎」らの進軍

ここまで述べたことをまとめると、相馬胤康が従軍した「去年二・三両月、前代一族蜂起」は、延元元年二月十五日以前に信濃で挙兵した「大夫四郎」らが鎌倉に攻め込み、三月二十五〜二十七日に鎌倉での合戦となった、一連の戦いであったと考える。実は延元元年に北条泰家が北条与党をまとめて鎌倉を襲っていたということは、すでに佐藤進一氏が指摘している（佐藤進一　二〇〇五）。佐藤氏は論証の過程を明示していないため、ここで史料で跡付けて検討した。その結果、佐藤氏と同様の結論となった。

ただ、筆者の推定には問題点が二点ある。

①延元元年二月の「前代一族蜂起」が、史料の残存状況により「大夫四郎」の蜂起しか確認ができないだけで、他に北条氏の蜂起があった可能性が否定できない。

②「大夫四郎」が二月十五日以前に信濃で挙兵し、三月二十五日に鎌倉で合戦となったというのでは、進軍に日数がかかりすぎているのではないか。

①②の問題点を検討すると、まず①は、「鎌倉合戦」は北条氏に由比ヶ浜まで攻め込まれ、合戦によって死者も出ている。その規模の合戦の前段階となる二月の「前代一族蜂起」が「大夫四郎」の蜂起以外にあったのであれば、まったく史料が残っていないとは考えにくい。

次に②を考える。延元元年当時の状況は、上野から鎌倉まで十日で進んだ正慶二年（元弘三、一三三三）の新田義貞の鎌倉攻めや、上野侵攻から鎌倉入りまで六日ほどであった中先代の乱の時のような、勝ちに乗じて勢いづいた進軍とは違う。

たとえば、距離がだいぶ違うが、延元二年（建武四、一三三七）の北畠顕家の二度目の奥州からの上洛の際には、同年八月に陸奥霊山《りょうぜん》（福島県相馬市・伊達市）を発し鎌倉を攻めたのは十二月であり、進軍に四ヵ月ほどかかっている（〔延元二年〕九月十一日付参議某奉書写、肥後阿蘇文書、延元三年三月　日付国魂行泰軍忠状、山名隆弘氏所蔵磐城国魂文書）。「大夫四郎」方の主力であろう信濃の北条与党は、前年の中先代の乱およびその前後の信濃での戦闘によってダメージを受けていたと考えられる。彼らは万全でない状態で鎌倉に攻め入ったと判断されるから、勢いに乗って進軍した新田義貞の鎌倉攻めや中先代の乱と違って、進軍に時間もかかったことであろう。

吉良貞家の転回

ここで、別の側面から検討するために、吉良貞家の動きに注目してみたい。貞家は西上する足利尊氏・直義と別れて東海地域の押さえとして留まったと考えられ、当該地域での軍事活動も確認できる。

その貞家が、なぜ三月二十五〜二十七日の「鎌倉合戦」に参加しているのか。貞家に助けを求めなければならないほどの敵が、尊氏の嫡子義詮のいる鎌倉に迫っていたからと推定すべきではないだろうか。

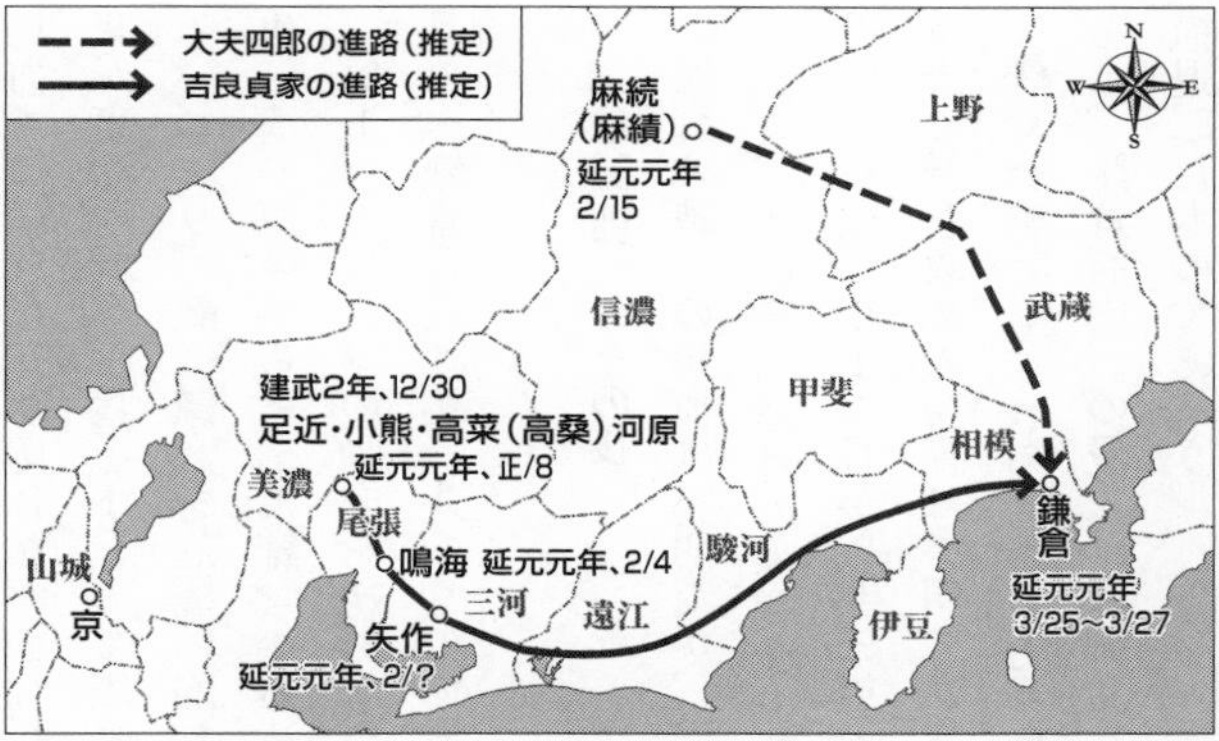

いうまでもなく鎌倉は、そのころの足利方にとっての本拠地ともいうべき拠点である。しかも当時西国にあった足利尊氏・直義が建武政権方に敗れて死んだ場合、足利方が奉ずべき御旗となるのは、尊氏の嫡子義詮である。よって義詮の座す鎌倉は、足利方にとって東国の最重要拠点であった。

そして当時の足利方にとって最も恐るべきは、すでに上洛していた北畠顕家軍を含めた建武政権方であった。そのため、吉良貞家は西国からの鎌倉に対する攻撃の防波堤としての役割を最大の任務としていたと考えられる。その貞家を救援に向かわせたということは、すなわち鎌倉がそれだけ危機的な状況にあったことを意味しよう。

また、吉良貞家が東海地域から鎌倉へ向かったという事実が何を示すか。敵が鎌倉に迫る状況下で、現存兵力では鎌倉を守り切れないと判断した斯波家長が貞家に救援を求め、救援要請を受けた貞家が東海地域から兵をまとめて鎌倉に向かい、間に合うだけの時間の余裕があったことになる。つまり、敵は鎌倉を危機に陥れうるだけの強さを持っており、かつその挙兵の地は、情報伝達の速度から考えて鎌倉から遠距離にあったことがわかる。

以上、吉良貞家の動向を検討した結果も、延元元年二月の「大夫四郎」らの蜂起と同年三月の「鎌倉合戦」が一連のものであるという推論と合致するのである。

「大夫四郎」のその後

「鎌倉合戦」の規模は不明だが、同時期に外部から鎌倉を攻めた例には、正慶二年五月の新田義貞、建武元年三月の本間氏・渋谷氏（北条与党）、同二年七月の北条時行、八月の足利尊氏、建武二年十二月から翌三年正月・延元二年十二月の北畠顕家の六例がある。本間・渋谷氏の鎌倉攻めの規模は不明であるが、残る五例は大規模な合戦であった。「鎌倉合戦」もこれらに準ずる規模であったと考えられる。「鎌倉合戦」での「大夫四郎」らは、鎌倉府内への侵入には成功したものの、最終的に斯波家長・吉良貞家らに撃退され、撤退したものであろう。

「大夫四郎」＝北条泰家は、これ以降史料から消える。推測ではあるが、泰家は「鎌倉合戦」で死んだ可能性が高い。なぜなら、泰家は自殺したと偽装するために部下に死を命じておきながら、自身は一族再興のために滅亡寸前の鎌倉から落ち延びた。そして二年後に京に現れ西園寺公宗とともに謀叛計画を練り、その計画が失敗したときも逃げ延びて、それから半年ほどで信濃で挙兵し鎌倉に攻め込むほどの闘志と行動力の持ち主である。生きていたならこの後も必ずや何らかの活動をして、史料にその足跡を残したであろうから。

一族再興という泰家の願いは、甥、時行に引き継がれるのである。

第6章　南朝での活動

1　北条時行の心情

室町幕府の成立

光厳上皇から院宣を得た足利尊氏は、延元元年（建武三、一三三六）三月、筑前多々良浜（福岡県福岡市東区）の戦いで勝利し、九州を支配下におさめて上洛の途に就いた。

上洛途上の五月二十五日には摂津湊川《みなとがわ》（兵庫県神戸市中央区・兵庫区）の戦いで新田義貞・楠木正成を破る。義貞は逃れて京へ向かったが、正成は自害した。尊氏方の強勢を聞いた後醍醐は京を出て比叡山に避難した（『神皇正統記』）。

京へ入った尊氏は、同年八月に光厳上皇の弟豊仁親王を天皇の位につけた（光明天皇）。

戦闘が続く中で後醍醐と尊氏の和議がやっと成立し、後醍醐は十月十日に比叡山を下りて京に戻った（『元弘日記裏書』同日条）。この前日の九日、新田義貞は後醍醐の皇子恒良《つねよし》親王・尊良親王を奉じて越前へ向かっている。十一月二日、後醍醐は光明に天皇の象徴である三種の神器を渡し、上皇となった（『皇年代略記』）。

光明の皇太子になったのは、中先代の乱で鎌倉から京へ戻っていた後醍醐の皇子成良親王であった。鎌倉時代後期の大覚寺統と持明院統による両統迭立の体制に戻ったことになる。

十一月七日には、『建武式目』が制定された。『建武式目』は政権の基本方針を示したものであり、これをもって室町幕府の成立とされるほど重要なものであった。

翌十二月、京に戻ったものの軟禁状態に置かれていた後醍醐は、ひそかに脱出して大和《やまと》国吉野（奈良県吉野郡吉野町）に入った（南朝の成立）。後醍醐は自らの退位を認めず、また光明に渡した神器は偽器であったとして、自分が天皇であるとした（『神皇正統記』、佐藤進一二〇〇五）。後醍醐の南朝と光明の北朝、天皇が二人並び立つ南北朝時代が始まる。

そして建武式目の制定から二年近く過ぎた延元三年（暦応元、一三三八）八月十一日、尊氏は北朝から征夷大将軍に任じられる（『公卿補任』建武五年条）。鎌倉時代以来の、武家政権の首長である征夷大将軍が復活した。承久元年（一二一九）正月の鎌倉幕府三代将軍源実

『太平記40巻』巻17-20。巻第19「相模次郎時行勅免事」（御簾の中の後醍醐天皇に奏上する時行。島根大学附属図書館所蔵）

朝の殺害以来百十九年ぶりに、清和源氏出身の武士による征夷大将軍任官でもあった。

北条時行の訴え

このころ、中先代の乱で敗れた北条時行はどうしていたのか。『太平記』によると、時行は後醍醐天皇のいる吉野に使者を派遣し、朝敵の北条高時を父に持つ自分を赦免して、憎むべき足利尊氏・直義兄弟の討伐に加えて欲しいと願い出たのである。

時行にとって、後醍醐天皇の南朝方は、鎌倉幕府を滅ぼした仇敵のはずである。加えて時行は中先代の乱で、当時は後醍醐天皇の配下であった足利尊氏によって敗戦の憂き目に遭っている。

なぜ彼は、自らの一族を滅ぼした南朝に属してまで、足利氏と戦い続ける道を選んだのであろうか。

時行が後醍醐天皇に許されるよう申請した際に言った台詞が、『太平記』に載っている。

父北条高時が滅ぼされたのは、高時が臣下の道をわきまえなかったためであり、君（後醍醐天皇）のことはまったく恨んでおりません。新田義貞や足利尊氏も、君の命令に従い幕府を討伐した以上、怒りは忘れておりましたが、尊氏は朝敵となり、天下を奪おうとする心は明らかです。そもそも、尊氏が今あるのは、ひとえに我が北条家が寛大な心で厚い恩恵を与えたがためです。それなのに、尊氏は恩を受けながら恩を忘れ、帝が治める世にありながら、帝に背きました。そのはなはだしく人の道に反し道理を忘れた行いは、世間が憎み、人が後ろ指をさすところです。これにより、我が一族はすべて他の者を敵とはせず、皆等しく尊氏と弟直義に対して恨みを晴らしたいと思っております。

時行の訴えを聞いた後醍醐は、親がろくでもなくてもその子が優れているなら必ず用いられるであろうという話があるが、そのとおりである、と言って時行を許し、南朝方に加えた。

武士社会の通念

南朝帰順の際の時行のこの言葉は、実際に時行が言ったかどうかは不明であり、また彼の気持ちを表しているのかどうかもわからない。これはあくまでも『太平記』の作者が時行に仮託して言わせた台詞であるからだ。しかし筆者は、時行や北条一族の心情はこの通りだったのではないかと考えている。

先に第3章で述べたように、建武二年四月に北条高安が標的としたのは足利尊氏と新田義貞であった。六波羅探題を滅ぼした尊氏と、鎌倉を攻め落とした義貞に対する北条与党の憎悪がうかがえる（坂口　二〇一一）。

また、佐藤進一氏は、中先代の乱の時、武蔵女影原の合戦で敗れた渋川義季が新参の家臣を逃がそうとしたところ、家臣は「弓矢の道に譜代も新参もありません」と言って自害したという『太平記』にみえる話（天正本『太平記』）を紹介し、注目すべき点を次のように指摘する（佐藤進一　二〇〇五、一二二頁）。

主従の関係には譜代と新参の別がある、新参は譜代のように主人と死をともにする必要はないという武士社会の通念と、いや弓矢の道に譜代・新参の別はあるべきではないという倫理との対立がある。

つまり、裏返せば、譜代の家来であれば主人とともに死ぬものだという武士社会の通念があったことになるだろう。

鎌倉時代の足利氏は、将軍に仕える御家人であった。北条氏も、どんなに権力を持っていても、御家人であるという点では足利氏と同じである。足利氏は北条氏の家来ではないが、北条氏の側には、得宗が足利氏の嫡子の烏帽子親となって名前の一字を与え、北条氏の娘を嫁がせるなどして、足利氏を優遇してきたという意識があったのではないか。

事実、尊氏の初名「高氏」の「高」は得宗北条高時から名の一字を賜ったものであり（紺戸一九七九）、彼の妻も執権赤橋守時の妹登子であった。その足利氏が自家を裏切ったことこそが、時行や北条一族にとって何よりも許せなかったのではないだろうか。

直接鎌倉を攻め、幕府を滅ぼした新田義貞に対しても、後醍醐天皇の命令に従ったのだから憤りは持たなかった、と述べたように、この後、時行は新田義貞の子義興・義宗と行動をともにしている。第1章第3節で記したとおり、義貞の鎌倉攻めが足利尊氏の指示に基づいて行われていたからであろう。

2　南朝に帰順する時行と北条一族

南朝での北条一族

後醍醐から許しを得た時行は、延元二年（建武四、一三三七）八月に義良親王を奉じて奥州から二度目の上洛の途についた北畠顕家軍に加わった（『太平記』）。これを信じれば、時行の南朝帰順の時期は延元二年以前となる。延元二年に時行は推定年齢九歳であるから、時行個人の思いもさることながら、時行を支える周囲の意見も反映されていたことであろう。

時行が南朝に帰順したと考えられる延元二年より前に南朝に味方していた、北条氏と考えられる人物がいる。延元元年八月、足利尊氏と南朝方が山城八幡路で戦い、捕らえられて誅された南朝方の大将二名「鑑厳僧都・越後松寿丸」のうちの「越後松寿丸」は、その名乗りから、最後の六波羅探題北方普恩寺（北条）仲時（官職は越後守）の子松寿の可能性がある（同月二十五日付足利尊氏軍勢催促状、東京大学史料編纂所所蔵小笠原文書、『太平記』）。

これ以降、時行や北条一族は南朝方となり足利方と戦うようになる。

伝　北条時行墓碑（『大鹿村石造文化財』より）

時行の官職は？

このころ、時行は何かの官職についていたのだろうか。彼の官職については、金勝院本『太平記』に「左馬権頭《さまのごんのかみ》」とあるくらいである。

時行が隠れ住んでいたという伝承が残る、長野県伊那《いな》市高遠町藤沢北原の権殿《ごんどの》屋敷跡は、北条権頭時方（時行と思われる）が住んでいたため、そう呼ばれたという（高遠町教育委員会編集　一九九三）。また長野県下伊那郡大鹿村桶谷は、時行が潜伏していたため「王家谷」と呼ばれ、これが「桶谷」になったといわれており、桶谷北条には、時行のものと伝わる墓碑もあった（大鹿村誌編纂委員会編集　一九八四）。左馬頭時行が住んでいたとされる頭《かみ》屋敷という地名も残る。

実際に時行が左馬権頭に任官したかは確認できないが、南朝に帰順した彼が後醍醐から何らかの官職を与えられた可能性はある。左馬権頭は、時行の曾祖父北条時宗・祖父貞時・父高時が元服して最初についた官職であった（福島　一九九七、細川　二〇〇〇d）。

時行が父たちと同様に左馬権頭に任官したのが事実であれば、後醍醐は時行を北条得宗家の後継者として承認したものともいえるだろう。ただ後醍醐が、鎌倉幕府将軍の「御後見」の家である鎌倉時代の北条得宗家の復活を認めたわけではないことは言うまでもない。

時行の転戦

後醍醐天皇に許された後の時行の動向は、しばらく『太平記』でしか追えなくなる。足利尊氏追討のため、延元二年八月に陸奥霊山を出発し十万余騎を率いて上洛する北畠顕家軍に呼応し伊豆で挙兵した時行は、五千余騎で足柄（神奈川県南足柄市）・箱根に陣取った。牡丹健一氏は、時行が伊豆で挙兵したのは、北条氏の本拠地伊豆で再起を企図していたためであろうと指摘する（牡丹　二〇二一）。

顕家軍に加わるべく、新田徳寿丸（義貞の次男義興。以下義興と記す）も上野で挙兵し、二万余騎で武蔵に軍を進めた。

南朝の主力である顕家は義興や時行と合流して、鎌倉を守る足利義詮を追い落とし、同年十二月二十三日に鎌倉に攻め入った（『鶴岡社務記録』同日条）。顕家の鎌倉攻めにより、前章でも登場した斯波家長（十七歳）が討死している。

『太平記』は軍記物であり、軍勢の数には誇張があるだろう。しかし、足利方の事実上の主将であった斯波家長が討死するほどの激戦であった事実は動かない。これが時行にとって中先代の乱以来二度目の鎌倉入りとなる。

鎌倉は、顕家軍にとっては通過点の一つであったから、翌延元三年（暦応元、一三三八）正月二日には鎌倉を出立し（『鶴岡社務記録』同日条）、当初の目的通り京を目指して進軍し足利方と対峙した。時行は足利方の高重茂《しげもち》（高師直の弟）と墨俣川《すのまた》（岐阜県大垣市）で戦い、打ち破る。顕家軍は美濃青野原《あおのがはら》（岐阜県大垣市・不破郡《ふわぐん》垂井町）で足利方の土岐頼遠《よりとお》らと合戦となって、これを破った。

味方の敗戦を聞いた足利方の高師泰・師冬軍が黒血川（岐阜県不破郡関ヶ原町）に陣を敷いたが、顕家軍は師泰・師冬軍と戦わず、目的地であった京へも向かわずに伊勢から吉野へ入った。

顕家軍が京へ向かわなかった理由として、『太平記』では、顕家軍が近江から越前に入り、新田義貞と合流して京を攻めれば占領できたものの、義貞に手柄を取られることを顕家が望まなかったため、越前にも行かず、京も攻めずに伊勢へ向かったとする。

佐藤進一氏は、理由の一つとして、顕家軍にいた北条時行が父の敵である新田義貞との合流を嫌がったためではないかと推定する（佐藤進一　二〇〇五）。しかし、この時もこの後の正平七年（文和元、一三五二）の鎌倉攻めの時も、時行は新田義貞の子義興・義宗とともに戦っているから、この説は成立しないであろう（奥富　一九八四）。

このように顕家が京を攻めず、また新田義貞と合流しなかった理由には諸説ある。義貞も、南朝からたびたび上洛要請があったものの応じておらず（『神皇正統記』）、越前から動ける状況ではなかったと考えられる。顕家軍は長期の行軍に疲弊しており、伊勢に父北畠親房が培《つちか》った勢力を頼ったと推測される（佐藤和彦　一九七四）。

北畠顕家の死

顕家は伊勢や奈良を転戦した後、吉野へ行く義良親王と別れ、河内へ向かった（『元弘日記裏書』延元三年二月・二月二十八日条）。その後の延元三年五月二十二日、顕家は和泉堺浦（大阪府堺市）で討死した（『元弘日記裏書』同日条）。二十一歳であった。この戦いに時行は参加していなかったか、参加していたとしても逃れたようである。

同年九月、義良親王、北畠親房らの一行は、船で伊勢大湊（三重県伊勢市）を出港した（『神皇正統記』）。義良親王を陸奥へ、宗良親王を遠江へといったように皇子たちを各地方に派遣し南朝の根拠地を築くためであった（森茂暁　二〇〇七a）。『太平記』によると、この一行の中に時行もいた。

だが、船団は暴風に遭う。宗良親王は遠江へ、北畠親房は常陸に到着したものの、義良親王と北畠顕信（顕家の弟）、結城宗広は伊勢へ戻った（『神皇正統記』、『元弘日記裏書』同年九月十一日条）。金勝院本『太平記』によると、時行は宗良親王の船団に属していて、暴風以前に遠江へ着き、井伊城（静岡県浜松市北区）へ籠城したとされている。

普恩寺友時の戦い

時行が転戦していたこのころ、時行以外の北条一族も、南朝方として戦っていた。

延元三年（暦応元、一三三八）正月、鎌倉幕府十三代執権普恩寺基時の孫で、仲時の子の友時とみられる「先代余類普音寺入道孫子」が上総土気郡《とけぐん》（千葉県千葉市緑区・同大網白里《おおあみしらさと》市）で挙兵した（建武五年正月五日付標葉《しねは》隆光《たかみつ》軍忠状写、室原《むろはら》氏伝来中世文書、岡田　二〇一〇、泉田　二〇一五）。この合戦で友時と戦った標葉隆光は、翌延元四年正月に伊豆仁科城の戦いにも参加している（暦応二年二月　日付標葉隆光軍忠状写、室原氏伝来中世文書）。伊豆仁科城で隆光と敵対したのも同じく友時であろう。なぜなら、伊豆仁科城では、翌二月に友時と推定される「大将普薗寺左馬助」が捕らわれ、処刑されているからである（『鶴岡社務記録』同月条、岡田 二〇一〇、泉田 二〇一五）。

『北条系図』Bを見ると、仲時の子の松寿と友時は同一人物となっているが、先に触れた延元元年の南朝方の大将「越後松寿丸」が仲時の子松寿であるとすれば、松寿と友時は別人で、兄弟と考えられる。

延元四年三月には、北条一族の越後五郎が、南部政長らと陸奥大光寺外楯（青森県平川市）を攻め落とし、これに籠って三ヵ月もの間戦い続けたが、敗れて撤退している（暦応二年五月二十日付曾我貞光軍忠状、南部光徹氏所蔵遠野南部文書）。戦い続けていたのは時行のみではなく、他の北条一族も同様であった。

3　三度目の鎌倉入りとその最期

大徳王寺城の戦い

南朝方の船団が延元三年（暦応元、一三三八）九月に暴風に遭った約二年後、北条時行の姿は信濃にあった。興国《こうこく》元年（暦応三、一三四〇）六月、時行は諏訪大社上社大祝諏訪頼継《よりつぐ》

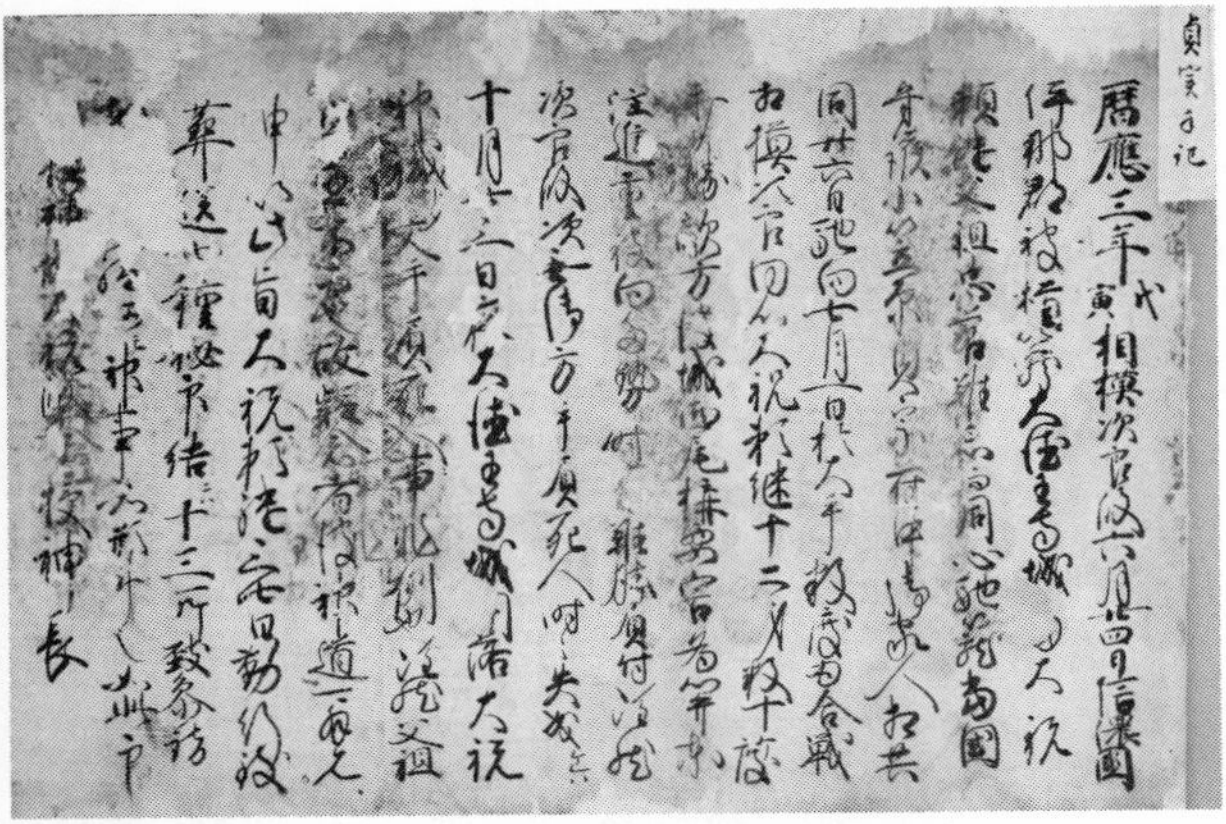
「守矢貞実手記」（暦応三年。守矢文書、神長官守矢史料館所蔵）

（諏訪頼重の孫で時継の子）とともに信濃伊那郡大徳王寺城で挙兵し、約四ヵ月の籠城戦の末に信濃守護小笠原貞宗の軍に敗れたという（「守《もり》矢《や》貞実《さだざね》手記」、守矢文書）。

「守矢貞実手記」は、天授《てんじゅ》六年（康暦《こうりゃく》二、一三八〇）ごろから宝徳《ほうとく》二年（一四五〇）ごろを生きた、諏訪大社の筆頭神官である神長（神長官）を務めた守矢貞実の手記である（細田 二〇〇六）。大徳王寺城の戦いの数十年後に書かれたものである。

現在の長野県伊那市長谷溝口上城地籍に、史跡大徳王寺城址がある。

北条一族の動き

時行以外の北条一族の動向を見ると、興国二年（暦応四、一三四一）六月、名乗りから北条一族と推定される武蔵三郎が武蔵で捕らえられた（『鶴岡社務記録』同月十一日条）。武蔵府中・鎌倉へと攻め入る計画が発覚したためであった。

大徳王寺城址からの光景

翌七月には、やはり北条一族の越後左近大夫政継も武蔵で捕らえられた（『鶴岡社務記録』同月六日条）。武蔵三郎と同じ計画に加わっていたと考えられる。

また正平五年（観応《かんのう》元、一三五〇）五・六月、安芸《あき》吉田荘（広島県安芸高田市）で安芸守護武田氏信らが戦った敵方の大将は「先代一族」、つまり北条一族の相模治部権少輔《じぶのごんのしょう》であった（同年七月　日付周防親長軍忠状、周防吉川家文書、同年八月五日付内藤熊王丸軍忠状、斉藤元宣氏所蔵内藤文書）。相模治部権少輔と毛利親衡《ちかひら》らは合戦に敗れて寺原城《てらばら》（同県山県郡《やまがたぐん》北広島町）・与谷《よたに》城（同）へ逃れて立て籠るが、両城とも落城している。

武蔵野合戦

大徳王寺城落城後、時行の動向は再びつかめなくなる。次に時行の姿が確認できるのは、正平七年（文和元、一三五二）閏二月である。

このころの室町幕府では、観応の擾乱《じょうらん》と呼ばれる内部抗争が起こっていた。観応の擾乱は正平五年（観応元、一三五〇）ごろからはじまる、将軍足利尊氏・尊氏の執事高師直派と、尊氏の弟足利直義派の対立による抗争である（以下、盛本 二〇一五、亀田 二〇一七aによる）。

事態を有利に運ぶため、正平五年十一月に直義が南朝と手を結ぶ。その後正平六年十一月には尊氏が南朝と講和する（正平の一統）。この状況を利用して、南朝方は京・鎌倉を同時制圧するべく軍事行動を起こした。南朝方は、正平七年閏二月二十日に京を制圧した。

一方、鎌倉奪還を目指す南朝軍には、北条時行が加わっていた。閏二月十五日に新田義興・義宗らが上野で挙兵する。十六日に諏訪氏以下信濃の軍勢も宗良親王を奉じて挙兵し、上野と信濃の境碓氷《うすい》峠まで進軍する。尊氏は十七日に鎌倉を出た。二十日、新田義宗と足利軍は武蔵人見原《ひとみはら》（東京都府中市）・金井原《かないはら》（同小金井市）で戦った。義宗と別ルートをとっていた義興は、いとこの脇屋義治《わきやよしはる》と鎌倉に入る。時行が義興たちにどこから合流したのかはわからないが、義興とともに、時行も鎌倉に入っている。これが、時行にとって三度目にして最後の鎌倉入りとなった。

義興と時行は閏二月二十三日に鎌倉を出て、相模三浦（神奈川県三浦市・横須賀市周辺）へ向かった。二十八日には鎌倉で尊氏の将石塔義基《いしどうよしもと》らの軍と義興・三浦高通《たかみち》軍が戦い、義興らが勝っている。義興と時行は、三浦へ援軍を求めに行ったのであろう。二十八日の戦いでは時行の名は確認できず、時行がいつまで義興と一緒に行動していたかは不明である。

同日、宗良親王と新田義宗は足利尊氏と小手指原、高麗原《こまはら》（埼玉県日高市）、入間河原《いるまがわら》（同狭山市）で戦ったが敗れる。三月二日には義興と高通が鎌倉を出て、尊氏が鎌倉に入った。同年三月十五日には、京を占領していた南朝方も退き、足利義詮は京都を奪還した。南朝の京・鎌倉の同時占領も、わずかな期間のことであった。

龍口での死

正平七年閏二月二十三日に新田義興とともに鎌倉を出た後の北条時行の動向は知れないが、翌正平八年（文和二、一三五三）五月、時行は罪人としてその姿を現す。

『鶴岡社務記録』によると、正平八年五月八日に「野心の者」、九日に「凶人」が召し捕ら

龍口刑場跡（写真：山口淳／アフロ）

れた。捕らえられた者の名は挙がっていないが、その中に北条時行がいた可能性がある。同月二十日には、時行と長崎駿河四郎・工藤二郎が鎌倉郊外の刑場龍《たつの》口《くち》（神奈川県藤沢市）で処刑されているからである。

足利尊氏はこの年の七月、上洛に際して鶴岡八幡宮別当の頼仲（足利一族の仁木氏の出身）に祈禱を行わせているから（『鶴岡社務記録』同月二十九日条）、それまでは鎌倉にいたと考えられる。そうであれば、時行処刑の報は尊氏にも届いたことであろう。

時行と一緒に処刑された長崎駿河四郎・工藤二郎は、その名乗りから得宗被官長崎氏・工藤氏の一族だとわかる。長崎駿河四郎は、神田本『太平記』にみえる長崎駿河守時光《ときみつ》の子であろう。工藤二郎は、得宗北条貞時のころに得宗家公文所の執事（長官）を務めた工藤時光

（法名杲暁）の子孫とされている（今野　二〇〇九）。

長崎駿河四郎と工藤二郎は、鎌倉幕府が滅びてほぼ二十年経ってなお、北条得宗家の生き残りの時行と行動をともにしていたのだ。時行と、彼ら自身の最期の日まで。

時行は、筆者の推定が正しければ享年二十五。一族再興のための戦いにその大部分を費やした生涯は、鎌倉幕府が滅びてから二十年を迎える日の二日前に閉じたのである。

終　章　中先代の乱の意義と影響

時行方の敗因

終章では、ここまでで述べたことを総括して、中先代の乱の意義について考えてみたい。

建武政権期に多発した中先代の乱も含めた北条与党の反乱は、北条一族や鎌倉幕府再興の動きでもあったが、そもそも味方する者がいなければ、反乱は起こせない。建武政権や、鎌倉将軍府の人事に代表されるような足利氏のやり方に不満を持った武士たちも、前代の権力者で「先代一族」などと特記される北条一族を支持し、また利用する勢力となったと考える。武士たちと結びつくことによって、北条与党の反乱は紀伊飯盛山の顕宝の反乱や中先代の乱など、時には建武政権を脅かすような大きな戦乱となったのである。

中先代の乱で北条時行が鎌倉を占領したのはわずか二十日あまりだが、恐れを抱いた後醍醐天皇が何度も祈禱を行わせるなど、建武政権は大きく動揺していた。中先代の乱における合戦でも、足利方は多くの人的損害を出していて、彼らにとって時行は強大な敵であった。

そんな時行が、中先代の乱で負けた原因は何であったのか。建武二年（一三三五）八月三日の大風で人的・精神的ダメージを負ったこと、京の西園寺公宗陰謀事件が未然に発覚したこと、陸奥の結城盛広や北国の名越時兼らとの連携もうまくとれていなかったことなどが敗因として推定できる。足利尊氏の東下が想定よりも早く、戦闘体制を整えきれていなかったことも挙げられよう（尊氏は後醍醐天皇の許可を得ないで出陣しているので、きちんと手順を踏んでいたら、もう少し出立に時間がかかったはずである）。

『梅松論』は、時行方の敗因を次のように記す。

大将と称する相模次郎（北条時行）も幼い主君であった。また大仏、極楽寺、名越のなにがしの子孫と称する人は、あちこちの寺で小坊主となっていて偶然命が助かったような連中で、にわかに俗人の姿に還俗したといっても、すぐにその人とわかるような名のある者はいなかった。このために寄せ集めの極悪人の連中は、とうとうその功を成すことができなかった。まったく天命に背くことであるのは言うまでもない。

要は、中先代の乱で時行方が負けたのは、大将の時行も幼く、味方にも名の知れた人材がいない、寄せ集めの集団であったからだというのである。

確かに、中先代の乱で時行方だった北条一族には、建武二年八月十二日の遠江小夜中山合戦の大将「備前新式部大夫入道」など、実名もわからない人物が目立つ。「塩田陸奥八郎」など、仮名を名乗り、官途を持っていなかった人物もいる。鎌倉幕府で引付衆などの役職を務めていれば、なにかしらの官職に任官していたり、ある程度は誰なのかを突き止められるものであるが、それも難しいのだ。時行の占領下の鎌倉で、正慶四年（建武二）八月十二日付北条時行奉行人連署安堵状を奉じた宏元・貞宗・高泰の三人も、実名が判明するのみでどのような人間かはまったくわからない。時行方が人材不足であった点は否めない。

建武政権に不満を持ったために時行方に味方した武士たちがいることは前述した。そのうち、天野貞村と伊東祐持は、鎌倉将軍府で関東廂番を務めていたが時行方に味方したものの、八月十四日に駿河清見関で足利方に降伏している。

八月十二日の小夜中山合戦で、時行方だった天野一族は、味方の侍大将宇都宮能登入道を討って足利方へ降伏した。合戦の状況にもよるので一概には言えないが、天野一族の場合は足利方についたほうが自分たちに有利であると考えて、時行方を見限ったのであろう。建武政権から寝返った天野・伊東らを引き留めておくに足る要素が、時行方にはなかったのである。

中先代の乱の意義

次に、中先代の乱の意義を考えたい。中先代の乱の最大の意義といえば、やはり、結果的に足利尊氏が建武政権から離反するきっかけを作ったことにあろう。

中先代の乱鎮圧後も、尊氏は後醍醐天皇からの帰還命令を無視して鎌倉にとどまった。尊氏が後醍醐天皇の勅勘によりすべての官職を解かれたのは、建武二年十一月であった。

同じ建武二年十一月を初見として、武士たちが尊氏を「将軍家」と呼ぶ史料が確認できる（同月二十八日付山内首藤通継譲状、長門山内首藤家文書など。以下、家永 二〇〇八、桃崎 二〇一〇、鈴木由美 二〇一八aによる）。足利氏側の発給した文書でも、延元元年（建武三、一三三六）二月ごろから、「将軍家の仰せにより、下知件のごとし」といった文言が確認できるが（建武三年二月十五日付細川和氏・同顕氏連署奉書、下総染谷文書など）、史料的には武士たちの側が尊氏を「将軍家」と称したほうが早い。

鎌倉時代末期成立の『沙汰未練書《さたみれんしょ》』（鎌倉幕府の法律用語の手引書）には、「将軍家とは、源頼朝以来代々鎌倉幕府の政務を執る主君のことである」とある。「将軍家」とは、征夷大将軍任官者を指すとともに、頼朝以来の武家政権（鎌倉幕府）の首長をも指す言葉であった。

尊氏が「将軍家」と呼ばれはじめた建武二年十一月や延元元年二月ごろでも、彼は征夷大将軍には任官していなかった。尊氏の征夷大将軍任官は延元三年（暦応元、一三三八）八月である。建武二年八月に征東将軍には任官していたものの、それも同年十一月に解任されている。

中先代の乱で時行を破り鎌倉に入った尊氏が「征夷将軍」を自称したとする史料があるが（『鎌倉大日記』、『太平記』）、征夷大将軍への任官を延元元年十一月の室町幕府開創後二年近くも保留していた尊氏が、「征夷将軍」と自称するとは思われない。これは尊氏が「征夷将軍」ではなく「将軍家」と称したことを指しているのではないだろうか。

「将軍家」の意味するもの

それでは、いまだ室町幕府も成立しておらず、征夷大将軍にも任官していなかった尊氏が「将軍家」と呼ばれたのはなぜだろうか。

鎌倉という土地は、源頼朝以来約百五十年武家政権の首府であり、武士たちにとって特別な地と考えられていて、北条時行が「中先代」と呼ばれたのも、鎌倉を実力で占領したからであろうことは第4章で述べた。

尊氏も、中先代の乱を鎮圧し実力で鎌倉を占領したことにより、周囲が尊氏を武家政権の首長として認識し、「将軍家」と呼ばれることになったのではないか。足利氏が北条氏と同様の武家政権の指導者、「先代」の次の「当御代」と呼ばれるようになった契機も同じであっただろう。

武家政権の指導者の地位、そしてそれが持つ権威や権力は、鎌倉幕府の源氏三代将軍から、本来は将軍の補佐に過ぎないはずの北条氏を経て、室町幕府の将軍足利氏が継承したと考えられる。

結果として、中先代の乱が尊氏を鎌倉に呼び寄せたことになる。尊氏の鎌倉占領によって、周囲が尊氏を武家政権の首長「将軍家」と認識した点も、この乱が残したものといえる。

北条氏の残した影響

それでは、北条氏は、次代の武家政権の首長である足利氏にどのような影響を残したのか。

室町幕府が鎌倉幕府の制度や吏僚を引き継いでいることは、すでに指摘されている（佐藤進

一　二〇二〇）。その他の点を検討したい。

正平二十二年（貞治《じょうじ》六、一三六七）三月に中殿御会《ちゅうでんぎょかい》（内裏の清涼殿で行われる管絃と和歌の会）が行われた。室町幕府二代将軍足利義詮が出席したのだが、その時に先例とされたのは源頼朝の事例であった（石原　二〇一五）。実は頼朝とともに鎌倉幕府四代将軍九条頼経の例も先例として意識されている（『貞治六年中殿御会記』）。頼朝と頼経が、歴代鎌倉幕府将軍の中で二人だけ在職中に上洛していたため、朝廷での振る舞い、装束などの先例が残っているためであろう。義詮は、当然と言えば当然ではあるが、鎌倉幕府将軍を先例として意識される存在であったことがわかる。

そのうえで、次の事例を考えたい。正平二十年（貞治四）五月、朝廷は北条高時に正四位下の位を贈った（『師守記《もろもりき》』同月二十日条）。鎌倉幕府滅亡で没した者たちの三三回忌にあたるためであったようだ。朝廷は当初、足利義詮の祖父（実際には伯父）で鎌倉幕府十六代執権赤橋守時への贈位を打診したが、義詮は守時への贈位を良しとせず、北条一族への贈官・贈位の先例を調べさせた（石原　二〇一五、山田貴司　二〇一五）。義詮は北条一族の先例がないことがわかると、自らの祖父足利貞氏以降の贈官・贈位の先例を調べさせた。その結果、赤橋守時ではなく北条高時へ贈位がなされた。

義詮が調べさせた先例は、北条一族ではなく北条得宗家の先例（贈位の対象が赤橋守時から北条高時に代わっているため）であったと考えられ、義詮は北条得宗家を意識し、足利将軍家を北条得宗家の後継者と認識していたことがわかる（石原　二〇一五）。足利将軍家が、本来は将軍の家臣に過ぎないはずの北条得宗家の後継という認識も存在していたのである。

消えゆく影響

また、室町幕府三代将軍足利義満《よしみつ》は、正平二十年（貞治四）五月、八歳で矢開《やびらき》（武家の男児が初めて狩猟で獲物を射たことを祝う儀礼）を行った（『師守記』同月三日条）。義満も、それ以降の四代将軍義持《よしもち》・八代将軍義政《よしまさ》・九代将軍義尚《よしひさ》でも確認される矢開の儀式は、北条高時の矢開の作法と一致する部分が多く、義満以降の足利将軍家の矢開は、北条得宗家の先例に従って行われたと指摘されている（中澤　二〇〇八）。

しかし、足利尊氏死去の際には意識されていた北条得宗家の先例は、足利義満死去の際には問題とされなかった（石原　二〇一五）。石原比伊呂氏が指摘するように、義詮期から義満期にかけての時期に、足利将軍家は源氏将軍家や北条得宗家に連なる存在ではない、独自の存在となるべく企図されていったのであろう。北条氏の影響は、消えつつあったといえよう。

残り続けた影響力

しかし、それでも北条氏の影響は残り続けていた。

戦国大名小田原北条氏は、初代伊勢宗瑞《いせそうずい》の時は伊勢氏を名乗っていたのだが、二代氏綱《うじつな》から「北条」に改姓している。これは鎌倉幕府の執権を務めた鎌倉北条氏の後継に自らを位置づけ、武蔵・相模支配を正当化するための名乗りであったとされる（佐脇　一九九一）。

黒田基樹氏が紹介する「駿河大宅高橋家過去帳一切」という史料には、氏綱の妻で三代氏康の母養珠院殿は「横江北条相模守女」と記されている（黒田　二〇一三）。横江氏は北条時行の後胤と伝えられていた（『士林泝洄《しりんそかい》』「横井」、『横井家譜』）。

伊勢氏が北条に改姓する根拠とするために、時行の子孫とされる横江氏の娘を氏綱の妻に迎えた可能性も考えられる。氏綱の妻を選ぶのには父伊勢宗瑞の意向が影響したであろう。

重要なのは、横江氏が実際に北条時行の子孫であるかどうかではない。北条時行の子孫という伝承が、利用価値のあるものだと伊勢宗瑞・北条氏綱父子に判断されたことにある。鎌倉幕府滅亡から百九十年近く経ってもなお、鎌倉北条氏にはそれだけの利用価値があったのである。

源頼朝の再来として

北条時行や彼を担ぐ者たちが当初目指したのは、鎌倉幕府と北条氏の再興であっただろう。北条氏が執権となり、持明院統の親王を将軍にいただく、鎌倉時代後期の体制をとった鎌倉幕府の復活を目的としていたと考える。中先代の乱で占領下にあった鎌倉で発給された文書の形式が得宗家公文所奉書に類似していたことから、北条時行自身が鎌倉幕府の将軍になるという発想はなかったことがわかる。

中先代の乱に敗れた後、時行や北条一族の目的は打倒足利氏にシフトしたものと考えられる。足利氏が接近し担いだ持明院統と再び手を組むことは不可能であるからだ。時行たちに、南朝のもとで鎌倉幕府を再興するという明確な意図があったかどうかはわからない。

一方、時行や尊氏の支持基盤である武士たちは、親王将軍を仰いで執権北条氏が権力を握る体制ではなく、尊氏を源頼朝になぞらえることで、鎌倉幕府開創者源頼朝の時代への回帰を求めたのではないか。そのため時行と尊氏の直接対決となった中先代の乱は、頼朝の再来である尊氏の勝利に終わったともいえるだろう。

あとがき

私が北条時行を好きになったのは、中学二年生の時だった。湯口聖子《ゆぐちせいこ》氏の「夢語りシリーズ」（秋田書店）という鎌倉北条氏の人々を主人公にしたマンガを読んで以来、鎌倉北条氏、その中でも特に北条時行のことが好きになったのだ。

それ以来、奥富敬之《おくとみたかゆき》氏の『鎌倉 北條一族』など、いろいろな本を読んだものの、時行について私が知りたいことは書いていなかった。

「時行のことを書いた本がないのなら自分で調べよう」と思い、卒業論文で時行のことを書くために、帝京大学文学部史学科に進学した。

いざ卒業論文を書く段階になって、指導教官の阿部猛《たけし》先生に「卒論で北条時行を書きたいんです」と言うと、先生いわく「史料がないからやめなさい」。後から思えば、先生の仰ることは当然で、今の私が誰かに同じ事を聞かれたとしても、先生と同じ答えを返すだろう。

だが、そのころの私には「時行を書かない」という選択肢は存在しなかった。卒業論文で時行のことを書くために、大学に入ったのだから。結局、先生の反対を押し切って卒業論文を書いて提出した。

卒業論文の口頭試問の日に、先生は「思っていたよりは良いものができた」と仰ってくださった。これも今思えば、時行への愛で目が曇って礼賛しまくるような論文を想定していたが、それよりはいくらかマシ、といった程度であったのかもしれない。しかしその時の私は先生に褒められたことが嬉しくてならなかった。自分がしてきたことへの自信がついた。

就職してから参加した研究会で、私の人生は大きく変わった。時行や鎌倉北条氏のことが好きで、ただ調べたりマンガを描いたりしていただけの私が、論文の書き方や研究に対する姿勢など数多くのご指導をいただき、研究会での報告（卒業論文が元ネタだった）をもとにして書いた論文が専門誌に掲載された。

論文の掲載誌を阿部先生にお送りしたところ、「ぜひ家に遊びに来てください」とお誘いをいただいた。私はそれを真に受けておうかがいして、ご自宅でのゼミにも参加させていただくようになった。大学在学中より卒業してからのほうが、先生から多くの教えを受けることができたと思う。泉下の阿部先生に本書をお見せすることが叶わなかったのが、残念でならない。

歴史研究者としての私は、とても恵まれた環境にあった。その環境の中、時行のことをずっと調べ続けてきて、今想像もしていなかった成果を生むことができた。阿部先生や、所属した二つの研究会と中世内乱研究会でお世話になった諸兄姉、職場の上司や同僚たち、そして家族や友人など、私を助けてくださった多くの方々のおかげである。感謝に堪えない。

右記のような経緯をたどった私が書いた本書であるが、当然であるが北条時行が好きだからといって目が曇らないように、史料に基づき客観的に書くことに努めた。

本書で使用した写真も、本当は全部自分で撮影したかったのだが、コロナ禍のため、それもままならなかった。自分で撮影したのは、諏訪大社上社の諏訪照雲頼重供養塔と諏訪大社上社前宮本殿、長野県伊那市の大徳王寺城址から眼下を望んだ写真のみである。

撮影にあたって、あわせて宗良親王の墓がある伊那市の常福寺と、北条時行が潜伏したという伝承の残る長野県の大鹿村も訪れた。現地を実際に見て、いろいろなお話をうかがうことができたのは何にも勝る経験であった。お世話になった皆様に御礼申し上げます。

また、本書は現時点の自分の全力を尽くして書いたものだが、知識不足による誤りや、理解の及んでいない部分があるだろうと心配ではある。それでも本書を世に問うことが、中先代の乱や鎌倉北条氏、ひいては日本中世史研究の発展につながっていくことを願っている。

思い返せば、『中先代の乱』を書きませんか」と、中公新書編集部の上林達也氏からご連絡をいただいたのは、二〇一九年七月のことだった。

成稿までに思いのほか時間がかかってしまったが、その間欠かさずアドバイスや情報提供をしてくださった上林氏と、上林氏に私をご紹介いただいた亀田俊和氏に、心より御礼申し上げます。

今の私が、中学二年生の私や卒業論文を書いていたころの私に会ったなら、時行についていろいろ教えることもできるだろう。そういう自分になれて、良かったと思っている。

二〇二一年四月二十日

鈴木由美

主要参考文献

史料

『足利家官位記』(群書類従補任部、続群書類従完成会・八木書店)
『吾妻鏡』(新訂増補国史大系、吉川弘文館)
延宝本『梅松論』(『梅松論　源威集』、新撰日本古典文庫、現代思潮新社)
『近江国番場宿蓮華寺過去帳』(群書類従雑部、続群書類従完成会・八木書店)
『大祝職位事書』(新編信濃史料叢書、信濃史料刊行会)
『小槻匡遠記』(橋本義彦「小槻匡遠記の紹介」、同『平安貴族社会の研究』吉川弘文館、一九七六年)
『御的日記』(国立公文書館所蔵、請求記号：一五四―〇二六五)
『華頂要略』(天台宗全書、天台宗典刊行会)
『鎌倉遺文』(東京堂出版)
『鎌倉年代記』(『鎌倉年代記・武家年代記・鎌倉大日記』、増補続史料大成、臨川書店)
『鎌倉大日記』(『鎌倉年代記・武家年代記・鎌倉大日記』、増補続史料大成、臨川書店)
『鎌倉年代記裏書』(『鎌倉年代記・武家年代記・鎌倉大日記』、増補続史料大成、臨川書店)
神田本『太平記』(『太平記　神田本』、国書刊行会)
『桓武平氏系図』(『群書系図部集』第四、続群書類従完成会)
京大本『梅松論』(高橋貞一「翻刻・京大本『梅松論』」、『国語国文』三三―八・九、一九六四年)
『玉葉』(名著刊行会)
『公秀公記』(歴代残闕日記、臨川書店)
『愚管抄』(日本古典文学大系、岩波書店)
『公卿補任』(新訂増補国史大系、吉川弘文館)
『楠木合戦注文』(岡見正雄校注『太平記(一)』、角川文庫、一九七五年)
『華厳経演義鈔見聞集』(称名寺所蔵、神奈川県立金沢文庫管理、国宝　称名寺聖教　四〇五函)
『元弘日記裏書』(東京大学史料編纂所所蔵謄写本、請求記号：二〇七三―三〇三)
『建武式目』(『中世法制史料集　第二巻　室町幕府法』、岩波書店)

『江談抄』（『江談抄　中外抄　富家語』、新日本古典文学大系、岩波書店）
『皇年代私記』（改定史籍集覧、近藤活版所・臨川書店）
『皇年代略記』（群書類従帝王部、続群書類従完成会・八木書店）
『河野系図』（『群書系図部集』第六、続群書類従完成会）
『光明寺残篇』（『光明寺文書』第一、史料纂集古文書編、続群書類従完成会、八木書店）
『五大虚空蔵法記』（東京大学史料編纂所所蔵、請求記号：貴二二－二二）
『沙汰未練書』（『中世法制史料集　第二巻　室町幕府法』、岩波書店）
『参考太平記』（国書刊行会・吉川弘文館）
慈光寺本『承久記』（『新訂　承久記』、古典文庫、現代思潮新社）
『静岡県史　資料編6　中世二』（静岡県）
『信濃史料』（信濃史料刊行会編、信濃史料刊行会）
『修五大成　下』（『柳原家記録』一六一巻、東京大学史料編纂所所蔵影写本、請求記号：三〇〇一－七（二））
『将軍執権次第』（群書類従補任部、続群書類従完成会・八木書店）
『相顕抄』（京都大学附属図書館所蔵、請求記号：2／ソ／1）
『正宗寺本北条系図』（『諸家系図』、正宗寺原蔵、東京大学史料編纂所所蔵謄写本、請求記号：二三七五－三）
『貞治六年中殿御会記』（群書類従和歌部、続群書類従完成会・八木書店）
『常楽記』（群書類従雑部、続群書類従完成会・八木書店）
『士林泝洄』（『名古屋叢書続編』第十七～二十巻、名古屋市教育委員会）
神宮徴古館本『太平記』（『神宮徴古館本　太平記』、和泉書院）
『神皇正統記』（『神皇正統記　増鏡』、日本古典文学大系、岩波書店）
『秦洛楚夏訓解』（称名寺所蔵、神奈川県立金沢文庫保管、称名寺聖教七一函一）
『諏訪大明神絵画』（続群書類従神祇部、続群書類従刊行会・八木書店）
西源院本『太平記』（『太平記』、岩波文庫）
『尊卑分脈』（新訂増補国史大系、吉川弘文館）
『大日本史料』（第六編、東京大学史料編纂所）
『竹むきが記』（『中世日記紀行集』、新日本古典文学大系、岩波書店）
『千葉県史料　中世篇　諸家文書』（千葉県）
『鶴岡社務記録』（鶴岡叢書、鶴岡八幡宮社務所）
天正本『太平記』（新編日本古典文学全集、小学館）
『東寺王代記』（続群書類従雑部、続群書類従完成会・八

木書店）
『南北朝遺文 関東編』（東京堂出版）
『南北朝遺文 九州編』（東京堂出版）
『南北朝遺文 中国四国編』（東京堂出版）
『南北朝遺文 東北編』（東京堂出版）
『難太平記』（群書類従合戦部、続群書類従完成会・八木書店）
『二条河原落書』（『中世政治社会思想 下』、日本思想大系、岩波書店）
『日本紀略』（新訂増補国史大系、吉川弘文館）
『女院小伝』（群書類従伝部、続群書類従完成会・八木書店）
『花園天皇宸記』（増補史料大成、臨川書店）
『百錬抄』（新訂増補国史大系、吉川弘文館）
『武家年代記』（『鎌倉年代記・武家年代記・鎌倉大日記』、増補続史料大成、臨川書店）
『武家年代記裏書』（『鎌倉年代記・武家年代記・鎌倉大日記』、増補続史料大成、臨川書店）
『平家物語』（新日本古典文学大系、岩波書店）
『北条系図』A・B（A・Bは掲載順。『群書系図部集』第四、続群書類従完成会）
『北条時政以来後見次第』（東京大学史料編纂所所蔵影写本、請求番号：三〇四三―二五）
『保暦間記』（『校本 保暦間記』重要古典籍叢刊、和泉書院）
『法華問答正義抄』（『興風叢書〔一一〕中山門流 等覚院日全撰 法華問答正義抄〔二〕』興風談所）
『増鏡』（『神皇正統記 増鏡』、日本古典文学大系、岩波書店）
『師守記』（史料纂集、続群書類従完成会・八木書店）
『横井家譜』（名古屋市鶴舞中央図書館所蔵、請求記号：市一二―七九）
『予章記』（伝承文学注釈叢書、三弥井書店）
『令義解』（新訂増補国史大系、吉川弘文館）
流布本『梅松論』（群書類従合戦部、続群書類従完成会・八木書店）
『瑠璃山年録残編』（続々群書類従史伝部、続群書類従完成会・八木書店）
『歴代鎮西志』（『歴代鎮西志 下巻』、青潮社）
『若狭国守護職次第』（群書類従補任部、続群書類従完成会・八木書店）

研究書など

秋山哲雄「長門国守護職をめぐって」（同『北条氏権力と都市鎌倉』吉川弘文館、二〇〇六年、初出二〇〇五年）→秋山 二〇〇六a
秋山哲雄「北条氏一門と得宗政権」（同『北条氏権力と都市鎌倉』吉川弘文館、二〇〇六年、初出二〇〇〇

年）→秋山　二〇〇六b
秋山哲雄『鎌倉幕府滅亡と北条氏一族』（吉川弘文館、二〇一三年）
家永遵嗣「室町幕府の成立」（『学習院大学文学部研究年報』五四、二〇〇八年）
家永遵嗣「光厳上皇の皇位継承戦略と室町幕府」（桃崎有一郎・山田邦和編『室町政権の首府構想と京都――室町・北山・東山』文理閣、二〇一六年）
井ヶ田良治「南九州における南北朝内乱の性格」（『日本史研究』一七、一九五二年）
生駒孝臣『楠木正成・正行』（戎光祥出版、二〇一七年）
石井進「九州諸国における北条氏所領の研究」（同・石井進著作集刊行会編『石井進著作集　第四巻　鎌倉幕府と北条氏』岩波書店、二〇〇四年、初出一九六九年）
石関真弓「得宗と北条氏一門――得宗専制政治の再検討のために」（『神戸大学史学年報』九、一九九四年）
石原比伊呂「義詮期における足利将軍家の変質」（同『室町時代の将軍家と天皇家』勉誠出版、二〇一五年、初出二〇一二年）
泉田邦彦「鎌倉末・南北朝期の標葉室原氏――新出史料海東家文書の「室原家伝来中世文書」の考察」（『相馬郷土』三〇、二〇一五年）
磯貝富士男「パリア海退と日本中世社会」（同『中世の農業と気候――水田二毛作の展開』吉川弘文館、二〇〇二年、初出一九九一年）
伊藤一美「武蔵七党と北条氏」（『練馬郷土史研究会会報』一〇〇、一九七二年）
伊藤一美『武蔵武士団の一様態――安保氏の研究』（文献出版、一九八一年）
伊藤邦彦『鎌倉幕府守護の基礎的研究【国別考証編】』（岩田書院、二〇一〇年）
入間田宣夫「鎌倉幕府と奥羽両国」（小林清治・大石直正編『中世奥羽の世界』東京大学出版会、一九七八年）
岩佐美代子『京極派歌人の研究　改訂新装版』（笠原書院、二〇〇七年、初版一九七四年）
漆原徹「篠村軍議と室津軍議」（同『中世軍忠状とその世界』吉川弘文館、一九九八年、初出一九九〇年）
遠藤巌「奥州管領おぼえ書き――とくに成立をめぐる問題整理」（『歴史』三八、一九六九年）
遠藤巌「秋田城介の復活」（高橋富雄編『東北古代史の研究』吉川弘文館、一九八六年）
遠藤基郎「鎌倉中期の東大寺」（GBS実行委員会編『論集　鎌倉期の東大寺復興――重源上人とその周辺』ザ・グレイトブッダ・シンポジウム論集五、東大寺、二〇〇七年）
大黒喜道「まえがき」（大黒喜道編『興風叢書〔一〇〕

中山門流　等覚院日全撰　法華問答正義抄〔三〕』興風談所、二〇〇六年）
大鹿村誌編纂委員会編集『大鹿村誌 上巻』（大鹿村誌刊行委員会、一九八四年）
大鹿村石造文化財調査委員会編集『大鹿村石造文化財』（大鹿村教育委員会、一九九三年）
岡田清一『北条得宗家の興亡』（新人物往来社、二〇〇一年、初刊『鎌倉の豪族Ⅱ』を改題、かまくら春秋社、一九八三年）
岡田清一「元弘・建武期の津軽大乱と曾我氏」（同『鎌倉幕府と東国』続群書類従完成会、二〇〇六年、初出一九九〇年）
岡田清一「近世の中に発見された中世——中世標葉氏の基礎的考察」（『東北福祉大学研究紀要』三四、二〇一〇年）
岡野友彦「二つの「中務大輔某奉書」」（『日本歴史』八三三、二〇一七年）
小川信「『梅松論』諸本の研究」（岩橋小彌太博士頌寿記念会編『日本史籍論集』下巻、吉川弘文館、一九六九年）
小口珍彦「大徳王寺城と貞実手記」（『伊那』三三八、一九五六年）
小口雅史「津軽曽我氏の基礎的研究」（『弘前大学國史研究』八九、一九九〇年）
奥富敬之「鎌倉北条氏の族的性格」（森克己博士古稀記念会編『史学論集・対外関係と政治文化』二、吉川弘文館、一九七四年）
奥富敬之『鎌倉 北條一族』（新人物往来社、一九八三年）
奥富敬之『上州 新田一族』（新人物往来社、一九八四年）
海津一朗「十四世紀東国における〈直轄領〉形成過程について——一九九一年度歴研大会・山田邦明報告の評価をめぐって」（『歴史学研究』六三一、一九九二年）
海津一朗「豊島郡にみる南北朝内乱」（『北区史 通史編中世』第二章第一節、一九九六年）
景浦勉「建武政権と伊予の動静」（愛媛県史編さん委員会編『愛媛県史 古代Ⅱ・中世』第二編第二章第一節、愛媛県、一九八四年）
筧雅博「道蘊・浄仙・城入道」（『三浦古文化』三八、一九八五年）
神奈川県立金沢文庫編集『特別展 鎌倉幕府滅亡』（神奈川県立金沢文庫、二〇〇三年）
亀田俊和『足利直義——下知、件のごとし』（ミネルヴァ書房、二〇一六年）
亀田俊和『観応の擾乱——室町幕府を二つに裂いた足利尊氏・直義兄弟の戦い』（中公新書、二〇一七年）↓亀田　二〇一七a

亀田俊和『征夷大将軍・護良親王』（戎光祥出版、二〇一七年）→亀田 二〇一七b
川島孝一「北条氏所領の認定とその集積・ゆくえ」（北条氏研究会編『北条時宗の時代』八木書店、二〇〇八年）
川添昭二『今川了俊』（吉川弘文館、一九八八年、初版一九六四年）
菊池紳一監修・北条氏研究会編『鎌倉北条氏人名辞典』（勉誠出版、二〇一九年、初刊新人物往来社、二〇〇一年）
久保木圭一「岩蔵宮彦仁王（源彦仁）について――ある傍系皇族の軌跡」（『日本社会史研究』一〇〇、二〇一二年）
黒田基樹「伊勢宗瑞論」（同編著『伊勢宗瑞』戎光祥出版、二〇一三年）
小泉宜右「御家人本間氏について」（小川信先生の古希記念論集を刊行する会編『日本中世政治社会の研究』続群書類従完成会、一九九一年）
小林一岳『元寇と南北朝の動乱』（吉川弘文館、二〇〇九年）
小林計一郎「諏訪氏と神党」（同『信濃中世史考』吉川弘文館、一九八二年）
小林計一郎「建武新政と中先代の乱」（長野県編『長野県史 通史編 第三巻 中世二』第一章第一節、長野県史刊行会、一九八七年）
五味克夫「島津庄日向方救二院と救二郷」（寶月圭吾先生還暦記念会編『日本社会経済史研究（古代中世編）』吉川弘文館、一九六七年）
紺戸淳「武家社会における加冠と一字付与の政治性について――鎌倉幕府御家人の場合」（『中央史学』二、一九七九年）
今野慶信「得宗被官工藤氏の基礎的考察」（『鎌倉』一〇七、二〇〇九年）
斉藤国治「日本上代において一日は午前3時に始まった――その天文年代学的な検証」（『科学史研究』一三四、一九八〇年）
坂口太郎「東京大学史料編纂所蔵『五大虚空蔵法記』について――後醍醐天皇と後宇多院法流」（『古文書研究』七二、二〇一一年）
阪田雄一「中先代の乱と鎌倉将軍府」（佐藤博信編『関東足利氏と東国社会』岩田書院、二〇一二年）
櫻井陽子「頼朝の征夷大将軍任官をめぐって――『三槐荒涼抜書要』の翻刻と紹介」（同『『平家物語』本文考』汲古書院、二〇一三年、初出二〇〇四年）
佐藤和彦『南北朝内乱』（小学館、一九七四年）
佐藤進一・池内義資編『中世法制史料集 第二巻 室町幕府法』（岩波書店、一九五七年）
佐藤進一『室町幕府守護制度の研究 上――南北朝期諸

国守護沿革考証編』（東京大学出版会、一九六七年）
佐藤進一「光明寺残篇小考――鎌倉幕府守護制度研究の一史料に就いて」（同『増訂鎌倉幕府守護制度の研究――諸国守護沿革考証編』東京大学出版会、一九七一年、初出一九四一年）→佐藤進一 一九七一a
佐藤進一『増訂鎌倉幕府守護制度の研究――諸国守護沿革考証編』（東京大学出版会、一九七一年）→佐藤進一 一九七一b
佐藤進一「鎌倉幕府政治の専制化について」（同『日本中世史論集』岩波書店、一九九〇年、初出一九五五年）
佐藤進一『鎌倉幕府訴訟制度の研究』（岩波書店、一九九三年、初刊畝傍書房、一九四三年）
佐藤進一『南北朝の動乱』（中公文庫、二〇〇五年、初刊中央公論社、一九六五年）
佐藤進一「室町幕府開創期の官制体系」（同『日本の中世国家』岩波文庫、二〇二〇年、初出一九六〇年）
佐脇栄智「北条氏綱と北条改姓」（小川信先生の古希記念論集を刊行する会編『日本中世政治社会の研究』続群書類従完成会、一九九一年）
信濃教育会『建武中興を中心としたる信濃勤王史攷 上巻』（信濃史学会、一九七七年、初刊信濃毎日新聞、一九三九年）
信濃教育会『建武中興を中心としたる信濃勤王史攷 下巻』（信濃史学会、一九七八年、初刊信濃毎日新聞、一九三九年）
清水克行『足利尊氏と関東』（吉川弘文館、二〇一三年）
下村周太郎「「将軍」と「大将軍」――源頼朝の征夷大将軍任官とその周辺」（『歴史評論』六九八、二〇〇八年）
下村周太郎「そもそも、源頼朝は征夷大将軍を望んでいなかった？」（日本史史料研究会監修・関口崇史編『征夷大将軍研究の最前線 ここまでわかった「武家の棟梁」の実像』洋泉社、二〇一八年）
下山忍「各地で建武政権に反乱」（別冊歴史読本六二『北条一族』新人物往来社、二〇〇一年）
鈴木かほる『相模三浦一族とその周辺史――その発祥から江戸期まで』（新人物往来社、二〇〇七年）
鈴木由美「中先代の乱に関する基礎的考察」（阿部猛編『中世の支配と民衆』同成社、二〇〇七年）
鈴木由美「建武政権期における反乱――北条与党の乱を中心に」（『日本社会史研究』一〇〇、二〇一二年）
鈴木由美「先代・中先代・当御代」（『日本歴史』七九〇、二〇一四年）
鈴木由美「建武三年三月の「鎌倉合戦」――東国における北条与党の乱の事例として」（『古文書研究』七九、二〇一五年）
鈴木由美「北条時行の名前について」（日本史史料研究

会編『日本のまめまめしい知識』第一巻、岩田書院、二〇一六年）
鈴木由美「戦うお坊さん――東大寺西室院院主顕宝の挙兵」（日本史史料研究会編『日本史のまめまめしい知識』第二巻、岩田書院、二〇一七年）
鈴木由美「足利将軍家誕生は、「源氏の嫡流」の復活だったのか？」（日本史史料研究会監修・関口崇史編『征夷大将軍研究の最前線　ここまでわかった「武家の棟梁」の実像』洋泉社、二〇一八年）→鈴木由美　二〇一八a
鈴木由美「「正慶四年」と称名寺湛睿」（日本史史料研究会編『日本史のまめまめしい知識』第三巻、岩田書院、二〇一八年）→鈴木由美　二〇一八b
鈴木由美「白河集古苑所蔵白河結城家文書所収「安達氏系図」の記載内容について」（『古文書研究』八七、二〇一九年）
鈴木由美「鎌倉幕府滅亡後も、戦いつづけた北条一族」（日本史史料研究会監修・呉座勇一編『南朝研究の最前線　ここまでわかった「建武政権」から後南朝まで』朝日文庫、二〇二〇年、初刊洋泉社、二〇一六年）→鈴木由美　二〇二〇a
鈴木由美「中先代の乱と三浦氏」（『三浦一族研究』二四、二〇二〇年）→鈴木由美　二〇二〇b
平雅行「鎌倉山門派の成立と展開」（『大阪大学大学院文学研究科紀要』四〇、二〇〇〇年）
高遠町教育委員会編集『信州高遠の史跡と文化財』高遠町教育委員会、一九九三年、初版一九八三年）
高柳光寿「北条氏の滅亡・足利氏の鎌倉占拠」（鎌倉市史編纂委員会編『鎌倉市史 総説編』第十四章、吉川弘文館、一九五九年）
田中大喜『新田一族の中世　「武家の棟梁」への道』（吉川弘文館、二〇一五年）
土田直鎮「中関白家の栄光と没落」（同『奈良平安時代史研究』吉川弘文館、一九九二年、初出一九六七年）
寺尾英智「茂原市藻原寺所蔵『金綱集』紙背文書について」（佐藤博信編『中世房総と東国社会』岩田書院、二〇一二年）
中井裕子「朝廷は、後醍醐以前から改革に積極的だった！」（日本史史料研究会監修・呉座勇一編『南朝研究の最前線　ここまでわかった「建武政権」から後南朝まで』朝日文庫、二〇二〇年、初刊洋泉社、二〇一六年）
永井晋『金沢貞顕』（吉川弘文館、二〇〇三年）
永井晋「金沢北条氏の系譜」（同『金沢北条氏の研究』八木書店、二〇〇六年、初出一九九三・九八年）
長坂成行「水戸史館の『太平記』写本蒐集の一齣――金勝院本・西源院本を中心に」（『軍記と語り物』三八、二〇〇二年）

中澤克昭「武家の狩猟と矢開の変化」(井原今朝男・牛山佳幸編『論集　東国信濃の古代中世史』岩田書院、二〇〇八年)
中島経夫「中世のはじまりと松本平」(松本市編集・発行『松本市史　第二巻　歴史編Ⅰ原始・古代・中世』第三編第一章第一節、一九九六年)
中村直勝「足利尊氏」(同『中村直勝日本史』第四冊、白川書院、一九七一年)
中村直勝「足利尊氏」(同『南朝の研究』中村直勝著作集第三巻、淡交社、一九七八年)
長村祥知「〈承久の乱〉像の変容――『承久記』の変容と倒幕像の展開」(同『中世公武関係と承久の乱』吉川弘文館、二〇一五年、初出二〇一二年)
日本史史料研究会監修・細川重男編『鎌倉将軍・執権・連署列伝』(吉川弘文館、二〇一五年)
日本史史料研究会編『将軍・執権・連署　鎌倉幕府権力を考える』(吉川弘文館、二〇一八年)
納富常天「湛睿の事績」(『駒澤大學佛教學部論集』一六、一九八五年)
野口実「平家打倒に起ちあがった上総広常」(同『増補改訂　中世東国武士団の研究』戎光祥出版、二〇二一年、初刊高科書店、一九九四年、初出一九九二年)
橋本竜男「元弘・建武津軽合戦に関する一考察」(『国史談話会雑誌』五三、二〇一二年)
橋本万平『日本の時刻制度　増補版』(塙書房、一九八一年)
橋本芳和「建武政権転覆未遂の真相――東西同時蜂起計画の信憑性」Ⅰ～Ⅳ(『政治経済史学』五〇一～五〇四、二〇〇八年)
花田卓司「建武政権と南朝は、武士に冷淡だったのか?」(日本史史料研究会監修・呉座勇一編『南朝研究の最前線　ここまでわかった「建武政権」から後南朝まで』朝日文庫、二〇二〇年、初刊洋泉社、二〇一六年)
原田正剛「鎌倉府成立に関する一考察――斯波家長期の鎌倉府を通じて」(『中央史学』二六、二〇〇三年)
深津睦夫『光厳天皇――をさまらぬ世のための身ぞうれはしき』(ミネルヴァ書房、二〇一四年)
福島金治「得宗専制政治――金沢貞顕書状からみた執権高時とその周辺」(佐藤和彦編『北条高時のすべて』新人物往来社、一九九七年)
福島県白河市編集『白河市史　第一巻　通史編1原始・古代・中世』(福島県白河市、二〇〇四年)
福田豊彦「室町幕府の御家人と御家人制」(御家人制研究会編『御家人制の研究』吉川弘文館、一九八一年)
細川重男「「弘安新御式目」と得宗専制の成立」(同『鎌倉政権得宗専制論』吉川弘文館、二〇〇〇年、初出一九九八年)→細川　二〇〇〇a

細川重男「得宗家公文所と執事――得宗家公文所発給文書の分析を中心に」(同『鎌倉政権得宗専制論』吉川弘文館、二〇〇〇年、初出一九九八年)→細川 二〇〇〇b
細川重男「北条氏の家格秩序」(同『鎌倉政権得宗専制論』吉川弘文館、二〇〇〇年)→細川 二〇〇〇c
細川重男「北条高時政権の研究」(同『鎌倉政権得宗専制論』吉川弘文館、二〇〇〇年、初出一九九一年)→細川 二〇〇〇d
細川重男「秋田城介安達時顕――得宗外戚家の権威と権力」(同『鎌倉北条氏の神話と歴史――権威と権力』日本史史料研究会、二〇〇七年、初出一九八八年)→細川 二〇〇七a
細川重男「右京兆員外大尹――北条得宗家の成立」(同『鎌倉北条氏の神話と歴史――権威と権力』日本史史料研究会、二〇〇七年、初出二〇〇一年)→細川 二〇〇七b
細川重男「右近衛大将源惟康――得宗専制政治の論理」(同『鎌倉北条氏の神話と歴史――権威と権力』日本史史料研究会、二〇〇七年、初出二〇〇二年)→細川 二〇〇七c
細川重男「渋谷新左衛門尉朝重――御内人と鎌倉期武家の主従制」(同『鎌倉北条氏の神話と歴史――権威と権力』日本史史料研究会、二〇〇七年、初出二〇〇五年)→細川 二〇〇七d
細川重男『鎌倉幕府の滅亡』(吉川弘文館、二〇一一年)
細川重男「足利尊氏は「建武政権」に不満だったのか?」(日本史史料研究会監修・呉座勇一編『南朝研究の最前線 ここまでわかった「建武政権」から後南朝まで』朝日文庫、二〇二〇年、初刊洋泉社、二〇一六年)
細田貴助『県宝守矢文書を読むII――中世の史実と歴史が見える』(ほおずき書籍、二〇〇六年)
牡丹健一「紀伊国飯盛城合戦の実像――六十谷定尚の考察を中心に」(悪党研究会編『南北朝「内乱」』岩田書院、二〇一八年)
牡丹健一「北条時行――南朝に投じた北条氏嫡流」(亀田俊和・生駒孝臣編『南北朝武将列伝 南朝編』戎光祥出版、二〇二一年)
松島周一「吉良貞家と南北朝初期の尾張・三河」(『安城市史研究』七、二〇〇六年)
松本一夫「南北朝前期」(同『東国守護の歴史的特質』第四編第一章、岩田書院、二〇〇一年、初出一九九五年)
三浦龍昭「新室町院珣子内親王の立后と出産」(宇高良哲先生古稀記念論文集刊行会編『歴史と仏教』、文化書院、二〇一二年)
水上一久「南北朝内乱に関する歴史的考察――特に薩

摩・大隅地方について」(『金沢大学法文学部論集 哲学史学篇』三、一九五五年)
峰岸純夫「元弘三年五月、上野国新田庄における二つの討幕蜂起」(小川信先生の古希記念論集を刊行する会編『日本中世政治社会の研究』続群書類従完成会、一九九一年)
峰岸純夫『新田義貞』(吉川弘文館、二〇〇五年)
峰岸純夫「歴史における自然災害――建武二年八月、関東南部を直撃した台風」(『中世 災害・戦乱の社会史』吉川弘文館、二〇一一年、初出二〇〇七年)
桃崎有一郎「初期室町幕府の執政と「武家探題」鎌倉殿の成立」(『古文書研究』六八、二〇一〇年)
桃崎有一郎「建武政権論」(『岩波講座 日本歴史 第七巻 中世二』岩波書店、二〇一四年)
百瀬今朝雄「元徳元年の「中宮御懐妊」」(同『弘安書札礼の研究』東京大学出版会、二〇〇〇年、初出一九八五年)
森茂暁「建武政権と九州」(川添昭二編『九州中世史研究』第二輯、文献出版、一九八〇年)
森茂暁「朝幕関係と関東申次」(同『鎌倉時代の朝幕関係』思文閣出版、一九九一年、初出一九八四年)
森茂暁『後醍醐天皇――南北朝動乱を彩った覇王』(中公新書、二〇〇〇年)
森茂暁『皇子たちの南北朝――後醍醐天皇の分身』(中公文庫、二〇〇七年、初刊中公新書、一九八八年)→森茂暁 二〇〇七a
森茂暁『南北朝の動乱』(吉川弘文館、二〇〇七年)→森茂暁 二〇〇七b
森茂暁「鎌倉後期の朝幕関係――皇位継承をめぐって」(同『増補改訂 南北朝期公武関係史の研究』思文閣出版、二〇〇八年、初刊文献出版、一九八四年、初出一九八二年)→森茂暁 二〇〇八a
森茂暁「北朝と室町幕府」(同『増補改訂 南北朝期公武関係史の研究』思文閣出版、二〇〇八年、初刊文献出版、一九八四年)→森茂暁 二〇〇八b
森茂暁『建武政権 後醍醐天皇の時代』(講談社学術文庫、二〇一二年、初刊教育社歴史新書、一九八〇年)
森茂暁『太平記の群像――南北朝を駆け抜けた人々』(角川ソフィア文庫、二〇一三年、初刊角川書店、一九九一年)
森茂暁『足利直義』(KADOKAWA、二〇一五年)
森茂暁『足利尊氏』(KADOKAWA、二〇一七年)
森幸夫「建武政権を支えた旧幕府の武家官僚たち」(日本史史料研究会監修・呉座勇一編『南朝研究の最前線 ここまでわかった「建武政権」から後南朝まで』朝日文庫、二〇二〇年、初刊洋泉社、二〇一六年)
盛本昌広「南北朝期東国における石塔氏の動向」(『伊東の今・昔――伊東市史研究 第11号』伊東市教育委員

会、二〇一五年）
矢崎孟伯「諏訪信仰」（長野県編『長野県史 通史編 第二巻 中世一』第七章第三節、長野県史刊行会、一九八六年）
安井久善『太平記合戦譚の研究』（桜楓社、一九八一年）
山田邦明「三浦氏と鎌倉府」（同『鎌倉府と関東――中世の政治秩序と在地社会』校倉書房、一九九五年、初出一九九二年）
山田邦明「元弘・建武の内乱と三浦氏」（『新横須賀市史 通史編 自然・原始・古代・中世』第三章第一節、二〇一二年）
山田貴司「南北朝期における足利氏への贈位・贈官」（同『中世後期武家官位論』戎光祥出版、二〇一五年、初出二〇〇七年）
山本隆志『新田義貞――関東を落すことは子細なし』（ミネルヴァ書房、二〇〇五年）
湯本軍一「北条氏と信濃」（長野県編『長野県史 通史編 第二巻 中世一』第四章第二節、長野県史刊行会、一九八六年）
湯山学「建武新政期の鎌倉御所――「関東廂番定文」に関する考察」（同『鎌倉府の研究』岩田書院、二〇一一年、初出一九八六年）
横浜市歴史博物館編集『鶴見合戦――『太平記』にみる横浜』（横浜市歴史博物館・㈶横浜市ふるさと歴史財団、二〇〇七年）
吉井功兒「建武政府の国務管掌者・国司・守護～諸国編～」（同『建武政権期の国司と守護』近代文藝社、一九九三年）→吉井 一九九三a
吉井功兒「建武政権期の奥州府と鎌倉府の要人たち」（同『建武政権期の国司と守護』近代文藝社、一九九三年）→吉井 一九九三b
吉井功兒「建武新政期の信濃国司について」（『信濃』四五－二、一九九三年）→吉井 一九九三c
吉原弘道「建武政権における足利尊氏の立場――元弘の乱での動向と戦後処理を中心として」（『史学雑誌』一一一－七、二〇〇二年）

関係略年表

年号	西暦	事項
文保二年	一三一八年	二月二十六日、花園天皇、後醍醐天皇に譲位。
正中元年	一三二四年	九月十九日、後醍醐天皇の倒幕運動発覚（正中の変）。
正中二年	一三二五年	十一月二十二日、北条邦時生まれる。
嘉暦元年	一三二六年	三月十三日、北条高時執権を辞す。三月二十六日、金沢貞顕、高時の弟泰家を恐れ、執権を辞す（嘉暦の騒動）。
元弘元年（元徳三年）	一三三一年	四月二十九日、後醍醐天皇の倒幕運動再び発覚（元弘の変）。八月二十七日、後醍醐天皇、笠置城に籠城する。九月、楠木正成、下赤坂城で挙兵。九月二十日、光厳天皇践祚。二十八日、笠置城落城。
正慶元年（元弘二年）	一三三二年	三月七日、後醍醐、隠岐に流される。
正慶二年（元弘三年）	一三三三年	閏二月二十四日、後醍醐、隠岐を脱出する。四月二十九日、足利高氏（尊氏）、丹波篠村八幡宮に挙兵成功祈願の願文を納める。五月七日、六波羅探題陥落。八日、新田義貞挙兵。二十二日、鎌倉幕府滅亡。二十五日、鎮西探題滅亡。

		六月五日、後醍醐、二条富小路内裏に還御。建武の新政はじまる。二十六日、後伏見上皇出家。 八月十六日、鎌倉幕府九代将軍守邦親王薨去。 十月二十日、義良親王・北畠顕家、陸奥に下向（陸奥将軍府）。 十二月七日、後伏見法皇皇女珣子内親王、後醍醐天皇の中宮となる。十日、光厳に太上天皇の尊号が贈られる。十一日、津軽大光寺合戦、津軽持寄城合戦、持寄城落城。名越時如・安達高景降伏（〜建武元年十一月）。十四日、成良親王・足利直義、鎌倉に下向（鎌倉将軍府）。
建武元年	一三三四年	正月、規矩高政が筑前帆柱城で、糸田貞義が筑後堀口城で挙兵するが鎮圧される（〜七月）。 三月九日、本間・渋谷氏、鎌倉を攻める。二十一日、阿蘇治時ら処刑される。 七月三日、遠江掃部助三郎ら、島津荘日向方南郷で挙兵。 八月二十三日、江戸・葛西氏蜂起。 十月、佐々目顕宝僧正・六十谷定尚、紀伊飯盛城で挙兵。飯盛城攻め落とされる（〜建武二年正月二十九日）。十月、護良親王捕らえられる。 十一月十五日、護良親王、鎌倉へ身柄を移される。 十二月二十八日、二階堂道蘊ら処刑される。
建武二年	一三三五年	正月、上野四郎入道・越後左近将監入道、長門佐加利山城に籠城するが敗れる。 二月、赤橋重時、伊予立烏帽子城で挙兵するが攻め落とされる。大森長治

の籠もる赤瀧城も落城（～六月）。

三月十六日、小笠原貞宗、騒動鎮圧のため信濃府中へ向かう。

四月四日、北条一族の高安らの陰謀が発覚。楠木正成に鎮圧される。

六月、信濃国司下向。十七日、持明院統の上皇、京極殿に移される。二十二日、西園寺公宗ら捕らえられる。二十三日、諏訪の祝、「三馬殿」と戦い勝利する（北条時行挙兵？）。二十五日、西園寺公宗の陰謀露見により祈禱。

七月十四日、小笠原貞宗、時行方保科弥三郎らと船山郷青沼、八幡河原・篠井河原・四宮河原で合戦。十五日、小笠原貞宗、時行方と八幡河原・福井河原・村上河原で合戦（～二十二日）。このころ、諏訪頼重ら、信濃国司を攻める。信濃国司自害。十八日、時行方、上野に入る。このころ、岩松四郎、上野蕪川で時行方に敗戦。渋川義季、武蔵久米川で時行方と合戦。武蔵女影原合戦、岩松経家・渋川義季自害。今川範満、時行方と武蔵小手指原で戦い討死。小山秀朝、時行方と武蔵国府で戦い、秀朝は敗れて自害。二十二日、足利直義、鎌倉を出て武蔵井出沢で時行方と戦う。二十三日、足利直義、鎌倉を出る。二十四日、時行方、佐竹貞義と武蔵鶴見で戦う。佐竹義直討死。二十四日、北条時行、鎌倉に入る。二十八日、後醍醐天皇、諏訪頼重ら追討の祈禱を東大寺に命じる。

八月一日、成良親王、征夷大将軍に任命される。同日、信濃望月城で合戦、望月城落城。二日、足利尊氏、京を出て時行討伐に向かう。同日、西園寺公

延元元年
（建武三年）

一三三六年

宗ら処刑される。三日、鎌倉大仏殿を大風が襲う。九日、尊氏、征東将軍に任命される。同日、遠江橋本で合戦。同日、結城宗広、北畠顕家から北条時行に味方した結城盛広の所領の管理を任せられる。十二日、遠江小夜中山で合戦。同日、時行、右大将家法華堂に所領を安堵する。十三日、陸奥長倉城合戦。十四日、駿河国府で合戦。同日、駿河高橋・清見関で合戦。十五日、奥州合戦。同日、三浦時明、鶴岡八幡宮に上総国市東郡内の年貢を寄進する。十七日、箱根はじめ諸所で合戦。十八日、相模川で合戦。十九日、辻堂・片瀬原で合戦。同日、尊氏、鎌倉を奪還。諏訪頼重ら鎌倉の大御堂で自害。このころ、津軽山辺合戦。八月、名越時兼挙兵するが加賀大聖寺城で敗死。このころ、河野通任、中先代の乱で伊予の大将として白瀧城に籠城。

九月三日以降、小笠原貞宗、安曇・筑摩・諏訪・有坂の諸城を攻め落とす。

九月三十日、信濃国司堀川光継、小笠原貞宗らと横河城を攻める。このころ、信濃惣大将村上信貞、北条方と薩摩刑部左衛門入道が籠もる坂木北条城を攻め落とす。

十月三・九日、尊氏、相模の三浦長沢・馬入で時行方の残党を討たせる。

十一月二十六日、後醍醐天皇、足利尊氏の官職をすべて解任する。

十二月十一日、箱根・竹ノ下の戦い。足利尊氏、新田義貞を破り上洛。

正月、足利尊氏、京を占領するが敗れ丹波へ向かう。

二月、足利尊氏、九州へ下向。このころ、尊氏、光厳上皇の院宣を得る。十五日、北条一族の大夫四郎・丹波右近大夫ら挙兵し信濃麻続御厨・麻続十日

		市場で合戦。 三月二十五〜二十七日、鎌倉合戦。 五月二十五日、摂津湊川の戦い。楠木正成自害。後醍醐、比叡山に入る。 八月十五日、光明天皇践祚（北朝の成立）。 十一月七日、建武式目制定（室町幕府の成立）。 十二月二十一日、後醍醐天皇吉野へ入る（南北朝の分立）。
延元二年（建武四年）	一三三七年	八月十一日、北畠顕家、義良親王を奉じて陸奥を出立する。 このころ、北条時行、伊豆で挙兵し、顕家と合流する。 十二月二十三日、顕家、鎌倉に入る。
延元三年（暦応元年）	一三三八年	正月二日、北畠顕家、鎌倉を出立する。三日、普恩寺（北条）友時、上総土気郡で蜂起。二十七日、北条時行、美濃墨俣川で高重茂と戦い破る。二十八日、顕家、美濃青野原で合戦、その後伊勢に向かう。 五月二十二日、和泉堺浦の戦い。北畠顕家討死。 閏七月二日、越前藤島の戦い。新田義貞討死。 八月十一日、足利尊氏、征夷大将軍に就任。 九月、義良親王・北畠親房ら、船で伊勢を出港するが大風に遭う。
延元四年（暦応二年）	一三三九年	正月、普恩寺友時、伊豆仁科城で挙兵。 二月、普恩寺友時、龍口で処刑される。 三月、北条一族の越後五郎、南部政長とともに陸奥大光寺外楯に籠もるが敗れる（〜六月）。

		八月十六日、後醍醐天皇崩御。
興国元年（暦応三年）	一三四〇年	六月二十四日、北条時行、諏訪頼継とともに信濃伊那郡大徳王寺城に挙兵するが敗れる（〜十月二十三日）。
興国二年（暦応四年）	一三四一年	六月十日、北条一族の武蔵三郎が捕らえられる。 七月六日、北条一族の越後左近大夫政継が捕らえられる。
正平四年（貞和五年）	一三四九年	四月十一日、長門探題足利直冬、西国に下向する。 閏六月十五日、高師直、執事を罷免される。 八月十四日、高師直ら、足利尊氏邸を包囲する。足利直義の引退が決まる。
正平五年（観応元年）	一三五〇年	五月、北条一族の相模治部権少輔、安芸守護武田氏信らと戦い敗れる（〜七月）。 十月十六日、足利尊氏、九州の足利直冬討伐のため出陣を決定。二十六日、足利直義、京を脱出する（観応の擾乱はじまる）。 十二月十三日、足利直義、南朝への降伏を認められる。
正平六年（観応二年）	一三五一年	二月十七・十八日、摂津打出浜の戦い。足利尊氏・高師直は敗れ、足利直義と講和。二十六日、高師直・師泰ら摂津武庫川辺で討たれる。 七月三十日、足利直義、足利尊氏・義詮に攻められることを察知し京を脱出、北国へ向かう。 十月二十四日、足利尊氏・義詮、南朝に降伏する。 十一月七日、南朝、北朝崇光天皇を廃し、「観応」の年号を止め、「正平」の年号に統一する（正平の一統）。

正平七年（文和元年）	一三五二年	正月五日、足利尊氏、足利直義と講和し、ともに鎌倉に入る。二月二十六日、足利直義死去。閏二月十五日、新田義興・義宗ら上野で挙兵。十六日、宗良親王、諏訪氏とともに信濃で挙兵。二十日、北条時行、新田義興らとともに鎌倉に入る。二十三日、北条時行、新田義興と鎌倉を出て三浦へ向かう。
正平八年（文和二年）	一三五三年	五月二十日、北条時行、長崎駿河四郎・工藤二郎とともに龍口で処刑される。
正平十三年（延文三年）	一三五八年	四月三十日、足利尊氏死去。
正平十九年（貞治三年）	一三六四年	七月七日、光厳法皇崩御。
正平二十二年（貞治六年）	一三六七年	十二月七日、足利義詮死去。
元中九年（明徳三年）	一三九二年	閏十月五日、後亀山天皇、神器を北朝後小松天皇に伝える（南北朝の合体）。

④典拠史料は、『千葉県史料　中世篇　諸家文書』藻原寺文書二五七⑳号に「某書状断簡」として掲載されているが、寺尾英智氏の検討（寺尾二〇一二）により（建武二年）正月八日付日静書状の一部と判明しており、それに従った。
⑤長門で上野四郎入道とともに蜂起した者の名は、「越後左近次郎」、「越後二郎入道」、「越後左近将監入道」と史料によって違いがある。それぞれ別人の可能性もあるが、同一人物の誤記も考えられる。
⑥信濃常岩北条（長野県飯山市）に拠った叛徒は常岩宗家とされている（信濃教育会　一九七七）。常岩宗家が北条氏被官であったのか、そもそも常岩北条に拠ったのが誰かもはっきりしないため「？」とした。
⑦中先代の乱については第３章～第５章で詳述しているため簡略化して表に載せている。

輔某奉書案（竹内文平氏所蔵文書）は、足利尊氏・新田義貞誅伐のため「関東より仰せを蒙るところ」「関東より御教書を成さるるところ」として軍勢催促をしている。具体的な反乱があったか否かが不明であるため。この両文書については中村　一九七一、岡野　二〇一七を参照されたい。
３）市河助房らが信濃守護小笠原貞宗のもとに参じている（建武二年五月十六日付市河助房等着到状・同日付市河経助・同親房着到状、本間美術館所蔵市河文書）。９か12か、どちらに関連するのか判断できないため。
４）建武二年十月二十九日付土岐ヵ光家契約状（京都府亀岡市文化資料館寄託遠山文書）に「去元弘三年ならびに当年信州三坂山・八幡原・黒田林度々の合戦」とある。合戦の発生時期が不明のため。

註
①鈴木由美　二〇一二ではＡを１に含めていたが、Ａは曾我氏の内部抗争で１とは別のものであるという橋本竜男氏の説（橋本　二〇一二）に従い、別に立項した。また曾我氏は得宗被官であるが（小口雅史　一九九〇、岡田　二〇〇六）、Ａは曾我氏の内部抗争のため北条与党の反乱とはしなかった。
②本間氏は大仏流北条氏の被官・得宗被官であり、渋谷氏は得宗被官である（小泉　一九九一、細川　二〇〇七ｄ）。この乱により、先に降伏していた金剛山攻めの寄手、北条一族の阿蘇治時・大仏高直、得宗被官長崎四郎左衛門尉が建武元年三月二十一日に処刑されている（『梅松論』）。『保暦間記』には「建武元年四月、故高時入道の始末をや思けん、高時の一族少々、並に本国の者共、其外同意の族有て、鎌倉へ打寄、（中略）此事京都へ聞えて、かくの者もあらば不思議の事も有なんとて、治時、高直、長崎四郎左衛門（中略）東山阿弥陀が峯にして誅されおわんぬ」とある。建武元年三月の本間・渋谷氏の鎌倉攻めとは月が合わないが、阿蘇治時らの処刑の記事から判断して、これも本間・渋谷氏の鎌倉攻めについての記述と判断される。これに従えば、本間・渋谷氏の挙兵には北条一族が加わっていたと推定される。
③反乱の発生地域については、「江戸・葛西ら重ねて謀叛の時」と年月日未詳実廉申状にあるのみで記載がないが、江戸氏の本拠地は武蔵で葛西氏の本拠地は下総であり、関東で起こったと推定した。江戸氏を得宗被官とする海津一朗氏の比定に従い江戸氏を得宗被官とみて（海津　一九九二）、北条与党の反乱と判断した。海津　一九九六では、江戸・葛西氏が鎌倉を攻めたとする。

同日付陸奥国国宣（伊勢結城神社所蔵白河結城文書）		
延元4年7月　日付伊達行朝申状写（結城古文書写有造館本　坤）		
『元弘日記裏書』同日条	○	
同日付武石胤顕軍勢催促状（磐城飯野文書）		
建武2年9月1日付北畠顕家御教書写（南部光徹氏所蔵遠野南部文書）、「源氏南部八戸家系」		
『太平記』	○	
同年11月　日付高間行秀軍忠状（能登妙厳寺文書）		
『河野系図』	○	
同日付源某軍勢催促状（反町英作氏所蔵色部文書）	?	

凡例

・表は、下山　二〇〇一の一五二頁の表を参考に、表中の「典拠史料」に掲げた史料により作成した。

・本表では、鎌倉幕府が滅亡した正慶二年（元弘三、一三三三）五月二十二日から、建武二年（一三三五）十一月の足利尊氏の建武政権離反までに起こった反乱を掲げた。

・表の備考欄には、北条与党が起こした反乱には「○」を、不明のものには「？」を付した。加えて、北条一族の名を太字で表している。

・下記の事項については、表に入れなかった。また発生場所が国単位で確定できないものも入れていない。

1）元弘三年七月十二日、南部時長・三浦時明が相模の三浦山口（神奈川県横須賀市）へ押し寄せ悪党を退治している（同年十二月　月付南部時長等申状、陸奥南部文書）。鎌倉幕府滅亡後の残党討伐と推定されるが、詳細が不明であるため。

2）建武元年十一月十九日付中務権大輔某奉書案・同月晦日付中務権大

13	陸奥	建武2	1335	8	9	結城盛広が「坂東凶徒」に与同したため、所領を結城宗広に預けられる。
				8	13	陸奥長倉合戦。
				8	13	奥州合戦。
				8	15	
				8	28	武石胤顕、陸奥安達郡木幡山に籠もる小平氏ら退治のため伊賀盛光に軍勢催促。
				?	?	南部政長、津軽山辺合戦で勲功を挙げる。
14	北陸	建武2	1335	?	?	名越時兼、加賀・越中・能登の軍勢を率いて京を目指す途中、加賀大聖寺において敗死。
				8	?	北国で凶徒蜂起。
15	伊予	建武2	1335	?	?	河野通任、中先代の乱に際し伊予の大将として浮穴郡白瀧城に籠城する。
K	越後	建武2	1335	9	21	悪党人退治のため、岩船宿に馳せ参じよと色部一族に軍勢催促。

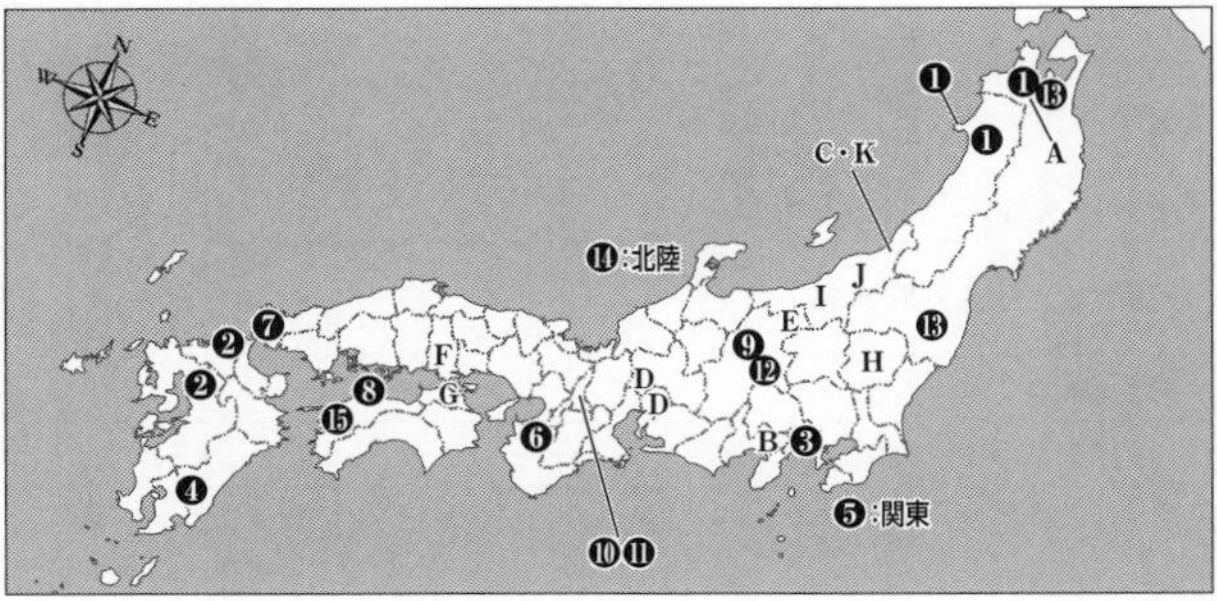

河野土居系図（『大日本史料』建武2年4月2日条）		
同年6月9日付祝安親軍忠状（伊予三島文書）		
同月付名和長年軍勢催促状（長府毛利家所蔵文書）	?	
『紫雲山代々旧記』（『大日本史料』同月22日条）	?	
同日付足利尊氏軍勢催促状案写（水府志料）、同日付足利直義軍勢催促状写（楓軒文書纂所収合編白河石川文書）	?	
同月12日付藤原某奉書（桜井市作氏所蔵色部文書）	?	
同年3月　日付市河助房着到状（本間美術館所蔵市河文書）	○	
『五大虚空蔵法記』同日条	○	
『太平記』	○	
『小槻匡遠記』同日条		
『小槻匡遠記』同日条		
『尊卑分脈』第1篇「公季公孫西園寺」西園寺公宗の項、第2篇「内麿公孫日野」日野氏光の項		
『法華問答正義抄』第9巻奥書	○	註⑦
『華厳経演義鈔見聞集』奥書		
『元弘日記裏書』同日条		
『梅松論』、『太平記』		
年月日未詳実廉申状	?	

				3	?	河野通世、赤瀧城を攻め落とし、大森長治一族を追討する。
				4	7	祝安親、赤瀧城で合戦。
				4	8	
				4	28	
				6	3	赤瀧城落城。
F	備中	建武2	1335	2	?	名和長年、備中の朝敵討伐のため、庄四郎入道に軍勢催促。
G	讃岐	建武2	1335	2	?	讃岐乱れる。
H	下野	建武2	1335	3	5	石川中務少輔らに野州発向の軍勢催促。
I	越後	建武2	1335	3	?	越後で凶徒蜂起。
9	信濃	建武2	1335	3	16	小笠原貞宗、騒動のため信濃府中へ向かう。
10	京	建武2	1335	4	4	**相州一族高安**ら、毘沙門堂辺に立て籠もり、楠木正成が鎮圧する。
11	京	建武2	1335	?	?	西園寺公宗ら、**北条泰家（時興）**と謀反を計画するが発覚。
				6	22	西園寺公宗・日野資名ら捕らえられる。
				6	26	西園寺公宗らが上皇を奉じ謀叛を企んだとの宣旨が出される。
				8	2	西園寺公宗ら斬られる。
12	信濃	建武2	1335	6	23	諏訪の祝、「三馬殿」と戦い勝利する（**北条時行**挙兵？）。
				7	24	**北条時行**、鎌倉に入る。
				8	2	足利尊氏、京を出て**時行**討伐に向かう。
				8	19	諏訪頼重ら鎌倉大御堂で自害。
J	越後	建武2	1335	7	24	越後大面荘で小諸・林氏が蜂起。

同月23日付源家満軍忠状（長門熊谷家文書）	?	註④
（建武２年）正月８日付日静書状（上総藻原寺文書）		
同月26日付藤原季道軍忠状（長門武久文書）		
同年閏10月　日付武藤宗智言上状写（摂津多田神社文書）		
同月26日付藤原季道軍忠状（長門武久文書）、同月19日付高津道性手負実検状（石見内田文書）	○	註⑤
同年閏10月　日付武藤宗智言上状写（摂津多田神社文書）		
（建武２年）正月21日付後醍醐天皇綸旨（筑前宗像神社文書）		
同日付平長胤軍勢催促状（本間美術館所蔵市河文書）		
同年３月　日付市河助房着到状（本間美術館所蔵市河文書）	?	註⑥
忽那一族軍忠次第（忽那家文書）		
同日付後醍醐天皇綸旨（安芸簗山トキ氏旧蔵文書）		
同日付得能通綱施行状（伊予三島文書）	○	
『太平記』		
忽那一族軍忠次第		

				正	29	飯盛城の大将六十谷定尚、討たれる。
D	美濃・尾張	建武元	1334	12	19	謀叛人退治のため、源家満ら美濃垂井宿に着到。
				12	20	阿志賀渡で合戦。
				12	21	大浦市場北で合戦。
				12	?	美濃・尾張乱れる。
7	長門	建武2	1335	正	10	**上野四郎・越後二郎入道**ら長門国府下山城に籠城し合戦となる。
				正	12	武藤頼景ら、**越後左近将監入道・上野四郎入道**の蜂起に際し、長門佐加利山城を攻める。
				正	18	**上野四郎・越後二郎入道**ら、長門国府下山城で合戦となる。
				正	18	武藤頼景らの攻撃により、長門佐加利山城落城。
				正	21	長門国凶徒蜂起のため、宗像氏範に軍勢催促。
E	信濃	建武2	1335	2	5	平長胤、信濃国内の朝敵人討伐のため市河助房に軍勢催促。
				2	29	市河助房代官助保、軍勢催促に応じ信濃国船山へ到着する。
				3	8	市河助房ら、信濃常岩北条を攻め城を破却する。
8	伊予	建武2	1335	2	16	野本貞政・河野通任、伊予府中から攻め込む。
				2	21	伊予国凶徒蜂起のため、河野通盛に軍勢催促。
				2	22	得能通綱、伊予国凶徒討伐のため祝安親らに軍勢催促。
				?	?	**赤橋重時**、伊予立烏帽子峰の城で挙兵するが攻め落とされる。
				3	?	伊予赤瀧城で合戦（5月まで）。

同月23日付深掘明意着到状・深掘時広着到状（肥前深掘文書）、同月26日付荒木家有着到状（筑後近藤文書）、同月28日付深掘時継着到状（肥前深掘文書）、同年11月29日付少弐頼尚書下写（摂津多田神社文書）		
同日付少弐妙恵軍勢催促状（豊前田口文書）		
年月日未詳実廉申状（竹内文平氏所蔵文書）、『鎌倉大日記』同年条、『将軍執権次第』同年条	○	註②
『梅松論』		
『元弘日記裏書』同月条		
『醍醐寺座主次第』弘真の項（『静岡県史　資料編6　中世二』同月条）	?	
同年7月　日付島津庄謀叛人等交名写（薩藩旧記十七所収諏訪文書）	○	
（建武元年）8月12日付色部長倫軍忠状写（市立米沢図書館所蔵古案記録草案所収色部文書）	?	
年月日未詳実廉申状	○	註③
『太平記』	○	
『元弘日記裏書』同月条		
建武2年2月1日付木本宗元軍忠状案・同年2月　日付木本宗元申状案（『師守記』紙背文書）、延元元年3月　日付和田助康軍忠状（真乗院文書）		

				7	9	深掘明意ら、規矩高政・糸田貞義と合戦となる。
				8	12	少弐貞経、規矩高政・糸田貞義以下与党の退治のため軍勢催促。
3	相模	建武元	1334	3	9	本間・渋谷氏、鎌倉を攻める。
				3	上旬	本間・渋谷氏、先代方として蜂起し、相模国より鎌倉を攻める。
				3	?	「高時余類等」鎌倉を攻める。
B	駿河	建武元	1334	3	?	文観弘真、駿河の凶徒を折状。
4	日向	建武元	1334	7	3	遠江掃部助三郎ら、島津荘日向方南郷で挙兵。
C	越後	建武元	1334	7	12	小泉持長・大河将長ら、越後瀬波郡で蜂起し合戦となる。
				8	10	越後岩船郡大河樺沢城で合戦。大河将長ら敗れる。
5	関東	建武元	1334	8	23	江戸・葛西氏蜂起。
6	紀伊	建武元	1334	?	?	佐々目顕宝僧正、紀伊飯盛城で挙兵。
				10	?	「高時一族」紀伊飯盛山に城を構える。
				11	4	飯盛城で合戦。
				11	12	
				11	20	
				11	22	
				11	26	
				12	1	
				12	12	
		建武2	1335	正	4	
				正	26	

<table>
<tr><th>典拠史料</th><th colspan="2">備考</th></tr>
<tr><td>元弘４年正月10日付曾我乙房丸代沙弥道為合戦手負注文・曾我乙房丸代沙弥道為合戦手負注文案（南部光徹氏所蔵遠野南部文書）</td><td rowspan="5">○</td><td rowspan="5"></td></tr>
<tr><td>同年２月　日付曾我光高申状案（南部光徹氏所蔵遠野南部文書）</td></tr>
<tr><td>同日付陸奥国国宣（南部光徹氏所蔵遠野南部文書）</td></tr>
<tr><td>同年12月　日付伊賀光俊軍忠状（二通、磐城飯野文書）</td></tr>
<tr><td>『元弘日記裏書』同月条</td></tr>
<tr><td>同年６月　日付曾我光高合戦注文（南部光徹氏所蔵遠野南部文書）</td><td rowspan="2">?</td><td rowspan="2">註①</td></tr>
<tr><td>（建武元年ヵ）６月12日付北畠顕家御教書（南部光徹氏所蔵遠野南部文書）</td></tr>
<tr><td>深掘系図証文記録（『大日本史料』同月是月条）</td><td rowspan="3">○</td><td rowspan="3"></td></tr>
<tr><td>『歴代鎮西志』同年条</td></tr>
<tr><td>同月18日付大江通秀着到状（肥前来島文書）</td></tr>
</table>

建武政権期における反乱

No.	地域	年	西暦	月	日	事項
1	陸奥・出羽	元弘3	1333	12	11	津軽大光寺合戦。
		建武元	1334	正	1	
				正	8	
				2	?	朝敵余党人が出羽小鹿嶋・秋田城より津軽に攻め入るとの風聞のため、大阿介郷で防戦せよとの命令が曽我光高に下る。
				4	13	北畠顕家、津軽・糠部の凶徒討伐のため多田貞綱を向かわせる。
				8	6	伊賀盛光ら、陸奥国府より津軽持寄城を攻めるため発向する。
				8	21	伊賀盛光ら持寄城へ着く。
				9	23	津軽持寄城で合戦。
				9	24	
				11	19	津軽持寄城落城。
				11	?	「津軽凶徒時如高景」降伏する。
A	陸奥	建武元	1334	4	13	陸奥石河合戦。
				5	21	
				6	12	北畠顕家、石川楯の凶徒静謐を喜ぶ。
2	筑前・筑後	建武元	1334	正	?	規矩高政が筑前帆柱城で、糸田貞義が筑後堀口城で挙兵。
				正	?	帆柱城に拠る長野政通ら、宗像大宮司と合戦し勝利する。
				3	上旬	筑前帆柱・筑後堀口城が攻められ、規矩高政ら敗れる。
				4	12	筑後堀口城陥落。糸田貞義ら敗れる。
				7	9	規矩高政・糸田貞義謀叛する。

地図：地図屋もりそん
系図：たかやま ふゆこ

鈴木由美（すずき・ゆみ）

1976年，東京都生まれ．中世史研究者．99年，帝京大学文学部史学科卒業．現在，中世内乱研究会会長．
共著に阿部猛編『中世の支配と民衆』（同成社，2007年），日本史史料研究会監修・細川重男編『鎌倉将軍・執権・連署列伝』（吉川弘文館，2015年），日本史史料研究会編『将軍・執権・連署　鎌倉幕府権力を考える』（吉川弘文館，2018年），日本史史料研究会監修・呉座勇一編『南朝研究の最前線　ここまでわかった「建武政権」から後南朝まで』（朝日文庫，2020年）など．

中先代《なかせんだい》の乱《らん》
中公新書 *2653*

2021年7月25日発行

著　者　鈴木由美
発行者　松田陽三

本文印刷　三晃印刷
カバー印刷　大熊整美堂
製　本　小泉製本

発行所　中央公論新社
〒100-8152
東京都千代田区大手町 1-7-1
電話　販売 03-5299-1730
　　　編集 03-5299-1830
URL http://www.chuko.co.jp/

Published by CHUOKORON-SHINSHA，INC.
Printed in Japan　ISBN978-4-12-102653-8 C1221

中公新書刊行のことば

いまからちょうど五世紀まえ、グーテンベルクが近代印刷術を発明したとき、書物の大量生産は潜在的可能性を獲得し、いまからちょうど一世紀まえ、世界のおもな文明国で義務教育制度が採用されたとき、書物の大量需要の潜在性が形成された。この二つの潜在性がはげしく現実化したのが現代である。

いまや、書物によって視野を拡大し、変りゆく世界に豊かに対応しようとする強い要求を私たちは抑えることができない。この要求にこたえる義務を、今日の書物は背負っている。だが、その義務は、たんに専門的知識の通俗化をはかることによって果たされるものでもなく、通俗的好奇心にうったえて、いたずらに発行部数の巨大さを誇ることによって果たされるものでもない。現代を真摯に生きようとする読者に、真に知るに価いする知識だけを選びだして提供すること、これが中公新書の最大の目標である。

私たちは、知識として錯覚しているものによってしばしば動かされ、裏切られる。私たちは、作為によってあたえられた知識のうえに生きることがあまりに多く、ゆるぎない事実を通して思索することがあまりにすくない。中公新書が、その一貫した特色として自らに課すものは、この事実のみの持つ無条件の説得力を発揮させることである。現代にあらたな意味を投げかけるべく待機している過去の歴史的事実もまた、中公新書によって数多く発掘されるであろう。

中公新書は、現代を自らの眼で見つめようとする、逞しい知的な読者の活力となることを欲している。

一九六二年一一月

中公新書

日本史

d1

2189 歴史の愉しみ方 磯田道史
2455 日本史の内幕 磯田道史
2295 天災から日本史を読みなおす 磯田道史
2579 米の日本史 佐藤洋一郎
2389 通貨の日本史 高木久史
2321 道路の日本史 武部健一
2494 温泉の日本史 石川理夫
2500 日本史の論点 中公新書編集部編
1617 歴代天皇総覧（増補版） 笠原英彦
2302 日本人にとって聖なるものとは何か 上野誠
2619 もののけの日本史 小山聡子
1928 物語 京都の歴史 脇田修 脇田晴子
2345 京都の神社と祭り 本多健一
482 倭国 岡田英弘
147 騎馬民族国家（改版） 江上波夫

2164 魏志倭人伝の謎を解く 渡邉義浩
1085 古代朝鮮と倭族 鳥越憲三郎
2533 古代日中関係史 河上麻由子
2470 倭の五王 河内春人
2462 大嘗祭―天皇制と日本文化の源流 工藤隆
1878 古事記の起源 工藤隆
2095 『古事記』神話の謎を解く 西條勉
804 蝦夷《えみし》 高橋崇
1041 蝦夷《えみし》の末裔 高橋崇
1622 奥州藤原氏 高橋崇
1293 壬申の乱 遠山美都男
2636 古代日本の官僚 虎尾達哉
1568 天皇誕生 遠山美都男
2371 カラー版 古代飛鳥を歩く 千田稔
2168 飛鳥の木簡―古代史の新たな解明 市大樹
2353 蘇我氏―古代豪族の興亡 倉本一宏
2464 藤原氏―権力中枢の一族 倉本一宏

2362 六国史《りっこくし》―日本書紀に始まる古代の「正史」 遠藤慶太
1502 日本書紀の謎を解く 森博達
2563 持統天皇 瀧浪貞子
2457 光明皇后 瀧浪貞子
2648 藤原仲麻呂 仁藤敦史
1967 正倉院 杉本一樹
2452 斎宮―伊勢斎王たちの生きた古代史 榎村寛之
2441 大伴家持 藤井一二
2510 公卿《くぎょう》会議―論戦する宮廷貴族たち 美川圭
2536 天皇の装束 近藤好和
2559 菅原道真 滝川幸司
2281 怨霊とは何か 山田雄司
2127 河内源氏 元木泰雄
2573 公家源氏―王権を支えた名族 倉本一宏
1867 院政（増補版） 美川圭

中公新書

日本史

d2

- 608・613 中世の風景（上下） 阿部謹也・網野善彦・石井進・樺山紘一
- 1503 古文書返却の旅 網野善彦
- 1392 中世都市鎌倉を歩く 松尾剛次
- 2336 源頼政と木曽義仲 永井晋
- 2526 源頼朝 元木泰雄
- 2517 承久の乱 坂井孝一
- 2461 蒙古襲来と神風 服部英雄
- 1521 後醍醐天皇 森茂暁
- 2601 北朝の天皇 石原比伊呂
- 2463 兼好法師 小川剛生
- 2443 観応《かんのう》の擾乱《じょうらん》 亀田俊和
- 2179 足利義満 小川剛生
- 978 室町の王権 今谷明
- 2401 応仁の乱 呉座勇一
- 2058 日本神判史 清水克行
- 2139 贈与の歴史学 桜井英治
- 2481 戦国日本と大航海時代 平川新
- 2343 戦国武将の実力 小和田哲男
- 2084 戦国武将の手紙を読む 小和田哲男
- 2593 戦国武将の叡智 小和田哲男
- 1213 流浪の戦国貴族 近衛前久 谷口研語
- 1625 織田信長合戦全録 谷口克広
- 1782 信長軍の司令官 谷口克広
- 1907 信長と消えた家臣たち 谷口克広
- 1453 信長の親衛隊 谷口克広
- 2421 織田信長の家臣団―派閥と人間関係 和田裕弘
- 2503 信長公記《しんちょうこうき》―戦国覇者の一級史料 和田裕弘
- 2555 織田信忠―天下人の嫡男 和田裕弘
- 2645 天正伊賀の乱 和田裕弘
- 2622 明智光秀 福島克彦
- 784 豊臣秀吉 小和田哲男
- 2557 太閤検地 中野等
- 2265 天下統一 藤田達生
- 2357 古田織部 諏訪勝則
- 2653 中先代の乱 鈴木由美

中公新書

日本史

d3

476 江戸時代　大石慎三郎
2552 藩とは何か　藤田達生
2565 大御所 徳川家康　三鬼清一郎
1227 保科正之《ほしなまさゆき》　中村彰彦
740 元禄御畳奉行の日記　神坂次郎
2531 火付盗賊改《ひつけとうぞくあらため》　高橋義夫
853 遊女の文化史　佐伯順子
2376 江戸の災害史　倉地克直
2584 椿井文書―日本最大級の偽文書　馬部隆弘
2380 ペリー来航　西川武臣
2047 オランダ風説書　松方冬子
1619 幕末の会津藩　星　亮一
1958 幕末維新と佐賀藩　毛利敏彦
2497 公家たちの幕末維新　刑部芳則
1754 幕末歴史散歩 東京篇　一坂太郎

1811 幕末歴史散歩 京阪神篇　一坂太郎
2617 暗殺の幕末維新史　一坂太郎
1773 新選組　大石　学
2040 鳥羽伏見の戦い　野口武彦
455 戊辰戦争　佐々木　克
1235 奥羽越列藩同盟　星　亮一
1728 会津落城　星　亮一
2498 斗南藩《となみはん》―「朝敵」会津藩士たちの苦難と再起　星　亮一

日本史

中先代の乱

中公新書 2653